POR SI LAS
VOCES
VUELVEN

ÁNGEL MARTÍN

POR SI LAS VOCES VUELVEN

Obra editada en colaboración con Editorial Planeta – España

© 2021, Ángel Martín

© 2021, Editorial Planeta S.A. – Barcelona, España

Derechos reservados

© 2022, Editorial Planeta Mexicana, S.A. de C.V.
Bajo el sello editorial PLANETA M.R.
Avenida Presidente Masarik núm. 111,
Piso 2, Polanco V Sección, Miguel Hidalgo
C.P. 11560, Ciudad de México
www.planetadelibros.com.mx

© Diseño del interior: © J. Mauricio Restrepo
© Ilustraciones del interior: © J. Mauricio Restrepo / © Shutterstock
© Imágenes del interior: de *Seven sisters*: © Nexus Factory / Album; de *Wonder woman*: DC Entertainment / Warner Bros / Album; de *Justice League*: DC Comics / DC Entertainment / Album

Primera edición impresa en España: noviembre de 2021
ISBN: 978-84-08-24921-4

Primera edición impresa en México: octubre de 2022
ISBN: 978-607-07-9278-6

Impreso en los talleres de Corporación de Servicios Gráficos Rojo S.A. de C.V. Progreso #10, Colonia Ixtapaluca Centro, Ixtapaluca, Estado de México, C.P. 56530.
Impreso en México - *Printed in Mexico*

ÍNDICE

Para las voces.
Por si de repente descubrimos
que también saben leer.

IMAGINA que de repente todo encaja.

Imagina que de repente todo, absolutamente todo lo que escuchas, lo que sientes, lo que ves forma parte de un gran puzle que, por algún motivo que no entiendes todavía, ya has conseguido terminar.

Imagina que cada sonido, cada olor, cada imagen, cada gesto, cada sensación que sientes están relacionados entre ellos y además te dan pistas exactas de hacia dónde debes ir, qué pensar y qué mirar para que tu vida sea perfecta.

Imagina tener la certeza de que el universo está susurrándote al oído que por fin has conseguido deshacer todos los nudos y encajar todas las piezas para poder vivir sabiendo que ya nada saldrá mal si escuchas bien.

Imagina que descubres que se podía vivir al mismo tiempo en el pasado, en el presente y en el futuro. Que te puedes comunicar con tu yo de cualquier momento del pasado, del presente o del futuro.

Imagina darte cuenta de que puedes controlar el tiempo, la naturaleza y el espacio con tan solo pensarlo.

Imagina sentir eso teniendo la certeza de que es cierto.

¿Lo tienes?

Según los médicos eso es volverse loco.

Ahora imagina perder de golpe esa sensación.

Eso es volverse loco de verdad.

Pero esto solo lo saben los que alguna vez se han vuelto locos.

Y aquí viene la sorpresa: en junio de 2017 yo lo estuve.

Tanto como para que tuvieran que atarme a la cama de un hospital para evitar que pudiera hacerme daño.

Y ahora que ya sabes mi secreto, comencemos.

«LA GRATITUD ES LA MEMORIA DEL CORAZÓN».

Esta frase venía acompañando al código de descuento que me han regalado por comprar una libreta en una tienda de artículos de cuero hechos a mano.

Y aunque ahora mismo simplemente veo una frase que quedaría de puta madre sobre la foto de un paisaje en cualquier cuenta de Instagram, hace cuatro años hubiese sido una pista clave de que había comprado en el sitio correcto.

Y como justo después de leerla he visto de refilón las letras *c* y *z* del teclado del ordenador, una voz en mi cabeza hubiese susurrado la palabra *caza*; y, al ser el teclado blanco, yo sabría que eso es una pista buena y, por tanto, significaría que al comprar en esa tienda acabo de encajar otra pieza imprescindible en mi investigación para comprobar y demostrar personalmente que el universo es un cubo de Rubik gigantesco deseando que alguien se dé cuenta cuanto antes y consiga ordenar todas sus caras para poder disfrutar de la versión sin anuncios de este juego de estar vivos.

La pregunta es:

«¿Qué piensas ahora, Ángel?».

Y la respuesta es:

«¿Por qué no?».

Hablemos claro:

¿Qué tiene de malo pensar en que esa posibilidad existe?

¿Qué tiene de malo jugar con la posibilidad de que nuestras vidas sean una especie de *escape room* donde, si consigues descifrar y encajar todas las pistas, conseguirás todo aquello que siempre has soñado para ti y para los tuyos por jodidamente loco que parezca?

¿Qué tiene de malo jugar a pensar así de vez en cuando?

Yo, que puedo presumir de haber estado loco y, por tanto, de haber pasado por absolutamente todas esas fases por las que tu cerebro te obliga a pasar cuando la cabeza se te rompe por completo, digo: nada.

Así que mi pregunta es: ¿te apuntas a jugar conmigo un rato a ver el mundo como si estuvieras loco?

Ojalá digas que sí.

Sobre todo porque, a lo mejor, después de saber mirar al mundo así, decides jugar tú de vez en cuando y por tu cuenta y descubres algunas cosas que hasta ahora no sabías.

Pero si eres de los que prefieren decir no, recuerda que tienes quince días para devolver el libro siempre y cuando hayas guardado bien el *ticket*.

Empecemos.

1

4 DE JUNIO DE 2017

EL 4 DE JUNIO de 2017 ingresé en el ala de psiquiatría del Hospital Puerta de Hierro.

¿Motivo del ingreso?

«Paciente varón de treinta y nueve años acude a urgencias expresando ideas extrañas».

Algunas de esas ideas extrañas eran: estar viviendo al otro lado del espejo, algo intentando entrar en mi cabeza, Chris Pratt y Jennifer Lawrence enviándome mensajes a través de la película *Passengers* y mensajes subliminales en cosas como el aceite de oliva.

Como verás, cuando estás loco no tienes demasiado tiempo *pa* aburrirte.

Había muchas más cosas, pero estas fueron solo algunas de las que compartí cuando me senté frente a las enfermeras en la sala del hospital al que, por supuesto, no acudí por decisión propia.

Me llevó un amigo.

> Pequeño inciso:
> En este libro encontrarás muy pocos nombres.
> Quizá debería dedicar un apartado a explicar qué es lo que pasa con la gente cuando a ti te pasa algo que les hace sospechar que el tipo que eras antes ya no volverá jamás, pero a poco que lleves vivo más o menos veinte años, ese tipo de cosas ya las sabes.

Así que, aclarado este punto seguramente prescindible, volvamos a la historia que estoy tratando de contarte sin perder mucho más tiempo, por si las voces vuelven antes de lo esperado y por sorpresa, para tener algunas claves con las que gestionar mejor nuestra locura.

Mi chica, después de encontrarse una mañana con una nota en la cocina en la que yo la felicitaba por haber conseguido un éxito increíble de taquilla con el estreno de la peli *Wonder Woman*, y de verme llegar a casa después de unas cuantas horas completamente desaparecido con el coche rebosando de regalos, se dio cuenta de que algo raro pasaba en mi cabeza cuando me enfadé mucho con ella y me acosté, porque su reacción al ver todo lo que le había comprado por petarlo muy muy fuerte con su peli fue increíblemente más cercana a «¿qué mierda estás haciendo, Ángel?» que a ponerse a dar saltos de alegría.

Recordemos que, en mi cabeza, ella acababa de ganar millones de dólares gracias a *Wonder Woman*, así que en el fondo yo tenía algo de razón al enfadarme porque, en lugar de ponerse a celebrar que éramos multimillonarios, se centrara mucho más en que me hubiera gastado unos mil euros en tazas de Mickey y Minnie Mouse, una bicicleta mala y un par de mierdas más que no recuerdo.

Creo que una era un Apple Watch que yo estaba seguro de que podía controlarse con la mente, porque al mirarlo en la tienda las mariposas que tenía puestas de fondo de pantalla aletearon cuando les pedí que aletearan. 🤷

Por cierto…

Si rebuscas en mi Facebook, todavía puedes ver el *post* donde le doy la enhorabuena a mi chica por el éxito de *Wonder Woman*. 😁

Ángel Martín Gómez

4 de junio de 2017

Ella todavía no lo sabe porque está dormida, pero parece que *Wonder Woman* ha superado los cien millones de dólares en su primer fin de semana en taquilla.

Es el mejor estreno de la historia para una película dirigida por una mujer.

Os dije que tenía a la chica.

Me alegro mucho, mi vida.

Enhorabuena por tu trabajo.

Estoy deseando ver la siguiente.

Te quiero.

#WonderWoman #EvaFernandez #Bravo #Gracias #Tequiero #aporotra #ya #post

 Me gusta   Comenta   Comparte

Tengo que decir que, aunque llevaba tiempo haciendo cosas raras, por aquel entonces mi vida consistía en vaguear, beber, fumar hierba y consumir media pastilla de éxtasis de vez en cuando, así que la actitud de cualquiera con una vida así no es motivo para preocuparse a menos que cruce algunas líneas.

Si en tu entorno hay personas multidisciplinares con las drogas y el alcohol, sabrás perfectamente de qué hablo.

En mi caso, lo de consumir de vez en cuando éxtasis era algo que mantenía en absoluto secreto porque lo descubrí poco antes de conocer a mi chica, después de una actuación, en una de esas noches en las que te juntas con cualquier persona nueva que conoces simplemente por no volver a casa solo y con la misma sensación de llevar años estancado en una vida en punto muerto. Lo tomaba cuando me quedaba solo en casa y sabía que tenía bastantes horas por delante como para poder disimular o que me pillaran ya en la cama. Para mi entorno más cercano, mis vicios se limitaban al alcohol y la maría.

Por si nunca has tomado éxtasis, dejémoslo en que la sensación es extremadamente parecida a lo que sentiste el día que viste *Matrix*, cuando Keanu Reeves toca un espejo nada más llegar allí y casi acaba fundiéndose con él.

Tomar media pastilla de éxtasis cuando me sentaba a escribir me generaba la sensación de estar arrancando de raíz las capas más superficiales de lo que vemos a primera vista con los ojos y me permitía llegar a zonas completamente nuevas del cerebro donde se generaban reflexiones y descubrimientos imposibles de alcanzar en un estado normal.

Por suerte, el combo llenar coche de tazas de Mickey y Minnie Mouse y dar la enhorabuena tanto de manera privada como pública por el éxito de *Wonder Woman* hizo que a mi chica se le encendieran las alarmas y, tras llamar a mis padres —imagino que para confirmar que estaba haciendo cosas extremadamente raras y descartar que simplemente fuese raro de cojones desde muy muy chiquitito—, optó por llamar a un amigo nuestro para ver si él conseguía que yo le acompañara al hospital.

Pequeño inciso:

Por aquel entonces mi chica, Eva, llevaba conmigo tan solo diez meses, así que jamás podré explicarle a nadie con palabras lo increíblemente agradecido que le estoy por haberse quedado conmigo en un momento en el que os aseguro que lo más cómodo y sencillo hubiese sido largarse de mi lado, porque dar la enhorabuena por el éxito de *Wonder Woman* era solo el principio del caos que estaba por venir.

Por eso aprovecho para pedirte que, si estás pasando o has pasado por una mierda parecida a esta, pongas en un altar a todos aquellos que lo único que intentan o intentaron es que dieses más paseos, comieses rico y descansaras.

Les debes y les deberás mucho más de lo que crees.

Te lo dice un exloco.

Sobre cómo debió de ser esa llamada no tengo ni la más mínima idea, porque he decidido que este libro sea única y exclusivamente sobre lo que yo viví.

Quizá dentro de un tiempo me siente con algunas personas que estuvieron cerca en modo entrevistador para tratar de descubrir cómo lo vivieron ellos, pero he querido que en este libro estemos solos mi cabeza, tú y yo.

De hecho, solo hay cinco o seis personas que saben sobre qué estoy escribiendo, pero no tienen ni idea de qué estoy escribiendo exactamente. Para ellos simplemente estoy escribiendo «algo de cuando me volví loco». El resto se lo encontrarán cuando se publique el libro, al mismo tiempo que la mayoría.

«¿Y eso por qué, Ángel?».

Para evitar intoxicarme sobre el miedo o la vergüenza de los otros a contar según qué cosas o acabar reflexionando sobre si el tono que utilizo o debo utilizar para contar esta movida es el correcto.

Si algo he descubierto en todo este tiempo es que cuando cuentas abiertamente que se te ha pirado la cabeza la gente enseguida le pone el sello de tabú.

Mucha gente tiene miedo de que haber perdido el juicio le haga perder también el respeto de los otros y se les termine el mundo porque ya nadie se fíe de ellos, y por eso prefieren guardarse este tipo de movidas, pero... ¿sabes qué?

Que les follen a los otros.

Cualquiera que te aparte porque te volviste loco es un gilipollas integral al que no necesitas tener cerca.

Y a cualquiera que cuando estés recuperado te recuerde cosas como «me debes esto o eso por haberte echado un cable cuando no estabas bien» tampoco le necesitas cerca.

Volverse loco no tiene absolutamente nada de malo.

No es algo que tú mismo te provoques a propósito.

No conozco a nadie que se haya levantado una mañana y haya dicho: «¿Sabéis qué? Estoy de puta madre, pero he decidido que voy a cruzar todas las líneas con las drogas y el alcohol, a callarme todas esas emociones que seguramente me conviertan en papilla gran parte del cerebro, a evitar disfrutar de cualquier cosa buena que me pase, a centrarme solo en lo malo y a rodearme de hijos de puta miserables para asegurarme de que en mi vida no exista ni un solo momento de tranquilidad y paz, a ver si así consigo volverme loco cuanto antes».

Nadie busca volverse loco a propósito.

Nadie.

Lo que sucede es que, el día menos pensado, la burbuja que has creado para intentar que todo duela mucho menos estalla, pero en lugar de hacerlo para afuera lo hace hacia adentro y... ¡alehop!

Las voces llegan.

Y lo increíble es que lo hacen de un modo tan elegante y sutil que, hasta que no sucede algo extremadamente llamativo, jamás valorarías —ni tú ni nadie— la posibilidad de estar volviéndote majara.

«¿A qué te refieres con "un modo elegante y sutil", Ángel?».

Te lo explicaré con un ejemplo muy sencillo.

¿Estás leyendo esto con tu voz o con la mía?

Te acabo de volar un poquitito la cabeza, ¿verdad?

Hagamos un paréntesis antes de seguir adelante con la historia de cómo consiguieron que fuese al hospital.

2

¿DE QUIÉN ES ESTA VOZ?

ES IMPOSIBLE saber cómo funciona el interior de los cerebros.

Uno da por sentado que todos funcionan más o menos igual y que la forma que uno tiene de pensar o de sentir es la misma forma que tienen todos los demás, pero dudo mucho que nadie pueda asegurar al cien por cien y con certeza que eso es exactamente así.

Imagino que ahora mismo habrá científicos diciendo: «Sí que se puede porque cuando ponemos unos electrodos se activa tal o cual zona del cerebro y vemos colorines amarillos, verdes y naranjas y unas ondas que suben y bajan sin parar porque blablablá…», pero todos sabemos que esos colorines y esas ondas jamás podrían decirte si tú estás leyendo esto con tu voz o con la mía.

Es más…

¿Cuál es la frase que más veces te ha dicho tu madre?

¿La tienes?

Piénsala.

Escúchala en tu mente.

Ahora dime: ¿la escuchaste con su voz o con la tuya?

¿Lo ves?

Tu cabeza está llena de voces y eso jamás podrá detectarlo nadie por muchos electrodos de colores que te pongan.

Quizá podrán saber las zonas del cerebro que se activan, pero jamás podrán saber cuál es la voz que has escuchado.

En tu cabeza tienes voces de padres, amigos, hermanos, parejas, familiares, profesores, jefes, compañeros, actores, músicos, algunas que tú mismo has inventado e incluso algunas de personas que murieron hace tiempo o no hace tanto.

Hay cientos de voces esperando a que las necesites para relatar algún recuerdo o simplemente bromear.

La única diferencia entre estar cuerdo o estar loco es tenerlas o no bajo control.

Digamos que estás cuerdo porque las tienes controladas bajo llave en una especie de baúl, como si fueran el muñeco de un ventrílocuo, esperando a que las vayas eligiendo a medida que las necesites.

Volverse loco es ir a cambiar de sitio ese baúl y que se te caiga al suelo, se rompa la tapa y se pierda la llave para siempre mientras todas esas voces deciden que, a partir de ahora, van a campar a sus anchas dentro de tu coco diciendo lo que les salga del rabo como y cuando más les apetezca.

Pero como esas voces lo último que quieren es llamar la atención para evitar que puedas devolverlas al baúl o pedir ayuda cuanto antes, sus intervenciones son perfectas y sutiles. De este modo, muy muy lentamente, se apoderan por completo del cerebro.

La primera voz que escuché fue la mía.

Fue una tarde-noche mientras me daba un baño en la bañera.

Yo estaba tan tranquilo cuando de repente se me ocurrió una idea para un *sketch* que me hizo gracia. Por aquellas fechas la mayor parte de mi tiempo lo dedicaba a grabar pequeñas piezas de humor para compartir en internet.

En ese momento me dio rabia no tener el móvil a mano para poder apuntar aquella idea y pensé que molaría tener en el cerebro una especie de caja fuerte donde guardar bajo llave todas esas ideas que no quieres perder ni tampoco quieres comentar en voz alta con absolutamente nadie por miedo a que se gafe o, aún peor, a que los de la mesa de al lado, que son gente que no tiene nada que ver contigo ni se dedican a lo tuyo, la escuchen y les parezca tan brillante que decidan pedir la cuenta, cambiar radicalmente sus vidas y sus sueños y salir corriendo a poner en marcha tu idea para hacerse multimillonarios.

De verdad que a veces el ser humano tiene unos miedos que dan ganas de quitarle el cerebro y ponérselo a un bicho bola para que pueda hacer un uso muchísimo más inteligente.

En fin...

Que se me ocurrió algo y pensé que molaría tener en el cerebro un lugar ultraseguro al que poder enviar rápidamente esas ideas que a veces surgen de repente para poder recuperarlas de forma rápida e intacta cuando tengas papel y lápiz cerca.

No sé a ti, pero a mí me da muchísima rabia cuando aparece alguna idea o alguna frase que tengo claro que es graciosa, interesante o que necesitaré dentro de un rato, pero por no poder apuntarla justo en el momento, algunas palabras van difuminándose y, con el tiempo, ya soy incapaz de recordar la construcción exacta que me vino a la cabeza.

Sé que a los músicos les pasa algo muy muy parecido con las melodías e imagino que a los escultores les pasará con la escultura, a los guionistas con los diálogos y a los pintores con los colorines.

De ahí mi interés en que esa caja fuerte también pudiera mantener la idea intacta y no solo a grandes rasgos.

En cualquier caso, estaba tomando un baño y esa ocurrencia simplemente pasó por mi cabeza como suelen pasar cada día miles de ideas inofensivas y completamente absurdas.

Sin embargo, esa tarde-noche fue distinto.

En cuanto terminé de pensar en lo maravilloso que sería poder enviar esas ideas a una caja fuerte, una voz en mi cabeza susurró:

—Si quieres la podemos crear ahora. ¿Quieres?

En aquel momento no fui consciente de lo increíblemente distinta que era aquella voz que había aparecido en mi cabeza.

No por la voz, que al fin y al cabo era la mía, sino por la forma de plantear la solución.

Es un matiz extremadamente pequeño que voy a intentar explicar de forma simple.

Imagino que alguna vez has mantenido conversaciones contigo mismo.

Imagino que alguna vez has pensado en cómo podrías resolver tal o cual cosa y has tenido conversaciones contigo mismo en plan: «A lo mejor debería lavar el coche porque está lleno de mierda», e incluso puede que alguna vez te hayas formulado la pregunta en plan: «¿No deberíamos lavar el coche de una puta vez?».

Sin embargo, sabes que son preguntas retóricas que te haces a ti mismo.

Y así fue como interpreté aquella voz.

Yo proponiéndome a mí mismo jugar a crear una caja fuerte en mi cerebro para poder meter aquella idea.

Lo que pasa es que en aquel momento no fui consciente de que, poco a poco, la conversación empezó a dejar de ser conmigo mismo y empezó a ser con alguien que vivía en el interior de mi cerebro y preguntaba cosas acerca de cómo quería yo que fuese aquella caja fuerte que estábamos jugando a construir.

—¿Color de la caja? ¿Capacidad? ¿Tamaño? ¿Será solo para meter ideas o también querrás poder meter frases, dibujos, melodías...?

—¿Quieres guardar las cosas en cajones, armarios, estantes?

—¿Se abre con un código numérico, una rueda giratoria en plan tres a la derecha, dos a la izquierda o caja fuerte rollo Tío Gilito?

De repente aquella voz empezó a hacer mil preguntas a las que yo respondía mientras seguía disfrutando de la tranquilidad de un baño de agua calentita con espuma y, entre pregunta, respuesta y construcción de la caja, rellenábamos los silencios charlando acerca de lo maravilloso que era saber que podía crearse eso en la cabeza, sin darme cuenta de que estaba a punto de hacerme una pregunta que resultaría ser el detonante de todo lo que llegó después:

—¿Y yo por qué no sabía que se podía crear una caja fuerte en mi cabeza?

Respuesta:

—Porque no estabas preparado.

Y en ese momento, aunque todavía tardaría un poco más en darme cuenta, fue cuando el baúl lleno de voces se cayó al suelo, se rompió la tapa y se perdió la llave para siempre. Con aquella respuesta habíamos dejado de ser uno y, muy muy sutilmente, nos habíamos convertido en dos por un motivo muy sencillo: aquella voz en mi cabeza sabía cosas que yo no.

Pero ya entraremos un poquitín más adelante en ese primer día que la voz habló conmigo porque os aseguro que esa tarde-noche la cosa se fue complicando hasta alcanzar niveles muy salvajes a los que, por supuesto, os enseñaré cómo llegar si os apetece. 😉

Ahora volvamos a mi chica llamando a nuestro amigo para ver si conseguía que los acompañase al hospital.

3

¿ME ACOMPAÑAS AL HOSPITAL?

SI ESTO FUERA UNA PELI dirigida por Guy Ritchie, ahora habría un montaje de escenas ultrarrápidas para volver a colocarnos en la historia y recordar por dónde íbamos, así que...

> Estimado lector:
> Lee muy rápido estas líneas para que funcione el montaje en tu cabeza, porfa.

Llego a casa con el coche, me bajo, llamo a mi chica, ella sale, abro el maletero, lo ve lleno de mierdas, la miro, me mira, sonrío mucho, ella no, me enfado, discutimos, entro en casa, ella no entiende, entro en el dormitorio, ella saca el móvil, me tiro en la cama, llega a casa el coche de un amigo, ella señala el dormitorio, mi amigo asiente y...

Estimado lector:

Ya puedes volver a leer a velocidad normal. Gracias por dejarme usar tu cerebro para darle ritmo a esto.

Estaba dormido cuando la puerta del dormitorio se abrió y entró un amigo susurrando mi nombre y proponiendo que le acompañara al hospital.

Imagino que todo el mundo contaba con que me resistiera a la idea de acompañar a alguien a un hospital simplemente por-que sí y a la primera.

Al fin y al cabo, lo único que había hecho era llegar a casa con el coche lleno de regalos.

El único argumento que tenían para convencerme de ir a un hospital era casi tan absurdo como tratar de convencer a Papá Noel de que necesita ayuda por haberle hecho regalos a su es-posa fuera de la temporada navideña.

Estaba claro que el plan de que yo fuera por las buenas a un hospital tenía todos los números para terminar siendo un fra-caso.

Por no hablar de que soy uno de esos que evita un hospital a toda costa.

La única vez que he pedido que llamaran a un médico fue un día que estaba a punto de estallarme la cabeza por culpa de una fiebre extremadamente alta y, tras hacerme el chulo insistiendo mucho en que no hacía falta llamar a nadie, fui a mear y me caí de boca al suelo.

Por suerte me dio tiempo de poner las manos para no romperme la nariz, pero cuando recuperé el conocimiento, salí del baño y le dije a Eva:

—Vale. Puede que tengas razón y haga falta que llamemos a un médico para que venga a echarme un vistazo. ¿Serías tan amable de llamar a uno?

En realidad, la frase fue: «He ido a mear y me he caído al suelo. Llama a un médico», pero quedaba más elegante la otra opción.

Al final resultó ser lo de siempre:

Placas en la garganta.

Esto lo cuento simplemente para que entendáis que entrar en la habitación de alguien que odia acercarse a un hospital y proponerle ir rápidamente a uno armado solo con el argumento de que ha comprado demasiadas tazas de Mickey y Minnie Mouse no tiene pinta de ser el plan que te permitirá descorchar esa botella de champán que tienes enfriando en la nevera para cuando se hagan realidad todos tus sueños.

Así que mi amigo entró en la habitación, propuso que le acompañase al hospital y yo me levanté, dije que sí y salí camino al coche.

¿Sabéis por qué?

Porque olía a café.

Y el olor a café significaba que podía fiarme de él porque el olor a café era una señal… buena. 😬

35

4

SEÑALES

PARA JUGAR CONMIGO a ver el mundo como yo lo vi mientras estuve loco, primero tienes que entender algo importante: todo, absolutamente todo, significa algo.

Todo lo que se cruce en tu camino se convertirá de forma inevitable en algún tipo de señal que te advierte de si vas o no vas bien.

Desde una mariposa blanca cruzándose contigo en mitad de cualquier frase hasta el sonido de la lluvia chocando en los cristales, pasando por la foto o el titular de la primera noticia que se cruce en tu camino cuando mires internet.

Absolutamente todas las cosas tendrán un significado mucho más profundo del que suelen tener a primera vista.

Lo primero que descubres cuando cruzas el umbral de la locura es que lo que vemos y escuchamos es solo la primera capa de lo que en realidad está pasando.

Es como vivir en Matrix dentro de Matrix dentro de Matrix dentro de Matrix y así hasta que te quedes dormido.

Donde tú ves a un bebé llorando porque tiene hambre, yo veré a un bebé tratando de advertirnos de un peligro. Y crucemos los dedos para que no deje de llorar justo al mirarle porque, si lo hace, eso significará que ya puede tranquilizarse porque tú has pillado su mensaje.

Y dependiendo del mensaje, pues tu día puede complicarse más o menos.

No es lo mismo interpretar que ese niño está llorando porque tú dudas entre comprar o no un *croissant* de chocolate y con su llanto está animándote a comprarlo y a dejar de preocuparte tanto por saltarte un día la dieta, que interpretar que, con su llanto, lo que está queriéndote decir es que no pares a ponerle gasolina al coche porque en realidad la gasolina es un placebo.

Sí.

Cuando te vuelves loco puedes llegar a creer que la gasolina es un placebo y quedarte tirado con el coche.

Pero incluso al quedarte tirado, tu cerebro será capaz de reinterpretar todo lo que tenga alrededor para que el hecho de haberte quedado tirado sin gasolina simplemente haya sido otra señal más de que tú tienes razón y estás viviendo en Matrix dentro de Matrix dentro de Matrix dentro de Matrix y así hasta que te quedes dormido.

Cuando estás loco, el cerebro funciona a una velocidad brutal a la hora de convertir absolutamente cualquier mierda en una señal trascendental para tu vida.

Por cierto…

El cerebro no crea señales.

Las interpreta.

Las señales son cosas que realmente están ahí: colores, olores, objetos, palabras, sonidos, personas…

Cualquier cosa que puedas ver, oler, sentir, tocar es una señal.

Pero el cerebro no las crea.

Las interpreta.

Y lo hará, quieras o no, bajo las reglas que tú hayas configurado en tu cabeza.

Eso quiere decir que para poder descifrar las señales es imprescindible que primero le ofrezcas al cerebro una historia o un contexto al que agarrarse.

Si nunca te han explicado qué significa la señal de ceda el paso, cuando la veas por primera vez simplemente verás un triángulo invertido con bordes rojos.

No significará nada para ti.

Solo cuando alguien le haya explicado a tu cerebro lo que significa esa señal podrá entenderla.

Y a partir de ahí, la próxima vez que tu cerebro vea un triángulo invertido con los bordes rojos pensará: «¡Ey! Esto era aquello de ceder el paso».

Y a partir de ahí, aunque nadie te cuente que, si además lleva una bicicleta dentro, tienes que ceder el paso a los ciclistas, tu cerebro atará cabos e interpretará que, si un triángulo invertido con bordes rojos es ceder el paso, el hecho de que hayan pintado una bici dentro significará que debes ceder el paso a los ciclistas.

Pero el cerebro no comprende una señal si no le das antes alguna información.

La ventaja (o el problema) es que el cerebro es un puto ordenador capaz de ir a toda hostia y automatiza, fija e interpreta a una velocidad tan fascinante que, como no estés extremadamente atento, establecerá un sistema de interpretación de señales tan sólido que, si en algún momento decides empezar a reinterpretar ciertas cosas de otra forma, te aseguro que te enfrentarás a un trabajo mental agotador.

«¿Y por qué querría alguien enseñar a su cerebro a ser capaz de reinterpretar algunas cosas?».

Porque a lo largo de nuestra vida nos han enseñado a interpretar algunas cosas basándonos en los miedos y las vergüenzas de los otros hasta llegar a un punto en el que realmente no sabemos quién carajo somos de verdad.

Aunque esto es algo de lo que hablaremos un poquitín más adelante porque ahora solo te estoy explicando lo de las señales para entender por qué el olor a café era una pista buena, te pondré un ejemplo que seguramente sonará bastante extremo, pero servirá para quedarme convencido de que entiendes lo que te quiero decir acerca de la interpretación de las señales.

Si tú —ni nadie— jamás le has enseñado a tu cerebro a pensar mal sobre absolutamente nada, nunca podrá pensar mal cuando reciba una señal, porque ni siquiera sabe que esa opción existe.

No digo que no debas enseñar a tu cerebro a pensar mal, pero te aseguro que escoger el pensar mal o tener miedo como primera opción siempre que recibes algo no es lo más inteligente ni lo más sano.

Y lo sé porque yo era uno de esos.

Digo «era» porque el Ángel que está escribiendo esto tiene muy poco que ver con el Ángel que era antes de que mi baúl lleno de voces volcara en el interior de mi cabeza.

Después de cuarenta años, y antes de salir de un hospital por haberme vuelto loco, mi cerebro tenía automatizada la interpretación de ciertas señales.

Ni siquiera me planteaba si mi lectura podía estar equivocada.

Las interpretaba así por pura inercia.

Simplemente porque llevaba toda mi vida haciéndolo así y punto.

Pero como uno de los problemas de volverse loco consiste en salir del hospital habiendo descubierto que muchas de las cosas que pensabas que eran ciertas no lo son, eso te lleva a plantearte otras preguntas que al principio solo servirán para ayudarte a bajar al pozo oscuro un poco más.

Cuando sales del hospital te surgen preguntas del tipo:

Entonces…, ¿cuáles de mis pensamientos eran ciertos?

¿Por qué todo el mundo está tan seguro de los pensamientos que no están equivocados y de los que sí lo están?

Y lo más importante:

¿En qué momento empecé a volverme loco?

¿Cómo localizo la frontera entre las decisiones que tomé antes y después de que llegase la locura para, al menos, saber con seguridad cuáles de mis pensamientos son correctos?

Y ahora, si tienes un subrayador a mano, subraya esto: jamás encontrarás respuesta a eso.

¿Cuándo empieza alguien a volverse loco?

¿Es el día que se toma una pastilla de más o esa pastilla es simplemente la gota que colma un vaso que ya estaba lleno de locura?

No creo que mi locura apareciese por fumarme cuatro porros más de lo normal o tomarme media pastillita con una cervecita al solecito.

Si hacer eso fuese la clave para volverse loco, más de la mitad de los que estáis leyendo esto —por no decir absolutamente todos— hubieseis recibido mensajes de Chris Pratt al ver *Passengers* o hubieseis visto los mensajes subliminales que nos envían las botellas de aceite de oliva todo el tiempo.

Pero esas cosas solo las vivimos unos pocos.

No tengo ni idea de cuándo empezó a formarse mi locura.

A lo mejor nací genéticamente predispuesto.

A lo mejor simplemente fui macerando una depresión al callarme ciertas cosas por no preocupar a los demás.

A lo mejor simplemente hay cerebros que de la noche a la mañana hacen crec y se acabó.

O a lo mejor hay un contador de porros y pastillas que puedes tomarte antes de que tu cerebro crea que hay gente al otro lado del espejo intentando pasar cuanto antes a este lado y yo conseguí reventar el contador.

Pero la verdad es que, si tuviera que apostar, apostaría por la opción número dos. Sospecho que las drogas y el alcohol sencillamente fueron como ese salto en modo bomba que haces al interior de una piscina cuando todo está tranquilo y, como la piscina está hasta arriba de agua, pones perdido a todo dios.

En cualquier caso, lo único que importa es que el tipo que era antes ya no está porque, gracias a ese lote de preguntas que me vino a la cabeza nada más salir del hospital, no tuve más remedio que reconstruirme desde cero.

Y aunque haber tenido que poner en duda absolutamente todos y cada uno de los pensamientos que había dado por sentado durante cuarenta años desde el fondo de un pozo terriblemente oscuro ha sido la cosa más agotadora a la que me he enfrentado nunca…, también ha sido el regalo más fascinante que me ha dado la vida.

Pero todavía es pronto para que entiendas bien por qué.

Ahora tenemos que volver al punto en el que acepté acompañar a mi amigo al hospital porque el cabrón olía a café y, por aquel entonces, el olor a café era una señal inequívoca de que podía fiarme de aquel tipo.

Ahora que ha quedado claro que mientras estuve loco todo lo que se cruzaba en mi camino era una señal, debes entender que cuando estás en ese estado no tienes ninguna duda de que todo lo que está pasándote es real.

Por eso confías plenamente en las señales.

Porque tienes la certeza de que todo, absolutamente todo lo que pasa en tu cabeza, es real.

Jamás intentes convencer a un loco de que lo que está viendo o sintiendo no es real, porque lo es.

«Pero en realidad no lo es, Ángel».

Pero su cerebro cree que sí y de inmediato envía al resto del cuerpo todas las emociones que se producen cuando descubres algo completamente nuevo, y, por tanto, es real.

Imagina que ahora se te acerca alguien y te pregunta qué haces mirándote las manos.

Tú respondes que estás leyendo un libro y la otra persona se ríe porque en las manos no tienes ningún libro.

Pero tú sabes que sí.

Lo estás viendo.

No importa que la otra persona te diga que es imposible que estés leyendo un libro.

Tú lo estás leyendo.

¿Qué más da que Mozart no esté tocando en directo para ti si tu cerebro cree que sí?

¿Qué importa si la luna no está muchísimo más grande cada noche si tú notas que sí?

Y lo más importante...

¿Qué tiene de malo que tu cerebro crea que realmente el universo te ha puesto en los morros la frase que necesitabas escuchar justo en la página de un libro que has abierto por azar y por jugar?

¿Qué tiene de malo?

Deja que un exloco te responda: nada.

No tiene absolutamente nada de malo.

Hay gente que se juega ciertas cosas tirando una moneda a cara o cruz y eso nos parece más coherente que pensar que, si el siguiente color que se cruza en tu camino es justo el que tú has imaginado, tomarás una u otra decisión.

Al haberme vuelto loco he descubierto que la mayor parte del tiempo decidimos que fulanito o menganito está muy loco simplemente porque ha llevado nuestro horizonte de la lógica o cordura medio paso más allá de donde nosotros somos capaces de llegar.

El único problema que tiene creer que todas las interpretaciones que hacemos son reales y correctas es que, como a veces te las inventas, no siempre son buenas.

A veces son malas.

Pero malas no siempre significa peligrosas.

En mi caso, no interpreté ninguna señal como una invitación a hacerme daño o a hacer daño a los demás.

Aunque algunas sí me llevaron a vivir situaciones que, vistas desde el lugar en el que estoy sentado ahora, me hacen llevarme las manos a la cara.

¿Recuerdas que una de las frases que anotaron en mi ficha de ingreso fue que veía mensajes subliminales en cosas como el aceite de oliva?

Los mensajes que veía en las botellas de aceite eran señales que formaban parte de una de las múltiples tramas que se habían formado en mi cabeza.

En concreto, de la trama *Hijo de los dioses*.

5

TRAMAS

CUANDO TE VUELVES LOCO, tu cabeza no crea una sola historia.

Eso sería demasiado fácil.

Crea muchas para que cuando te quedes tirado con el coche porque estabas convencido de que la gasolina era placebo no puedas decir: «¿De verdad he creído que la gasolina era placebo? Ok. Tengo que ir al médico ahora mismo».

Lo que tu cerebro intenta cuando te quedas tirado por pensar que no necesitas rellenar el depósito es cogerse con fuerza a lo primero que ve para que digas: «¡Claro! Era imprescindible que llegara aquí y, como por mi cuenta jamás me hubiese dado por parar en este sitio, la única opción era que no pusiera gasolina para acabar tirado con el coche aquí en medio. ¡Qué listo es el universo!».

En mi cabeza había múltiples tramas para poder saltar libremente de una a otra.

La trama principal, *Descifrando el universo*, consistía en que había conseguido quitar la capa más superficial de la vida para poder ver y escuchar al cosmos con muchísima más claridad. Si encajaba todas las piezas que el universo me enviaba en forma de señal, podría hacer realidad absolutamente todo.

Cuando digo todo me refiero a todo.

Llegué a dar saltitos en el jardín intentando volar.

También hablaremos de eso más adelante.

Pero luego tenía un montón de tramas secundarias para que cualquier cosa que se cruzara en mi camino tuviese su significado propio.

En una de las tramas, llamémosla *Mudanza cósmica*, íbamos camino de otro planeta en una nave que recreaba milimétricamente las características del planeta Tierra para evitar que la gente entrase en pánico.

En otra, nuestro yo, que vive *Al otro lado del espejo*, trataba de pasar a nuestro mundo.

De hecho, una noche al volver de una actuación pasé frente a un espejo y os juro que no me reflejé.

Pasé como se pasa por delante de algo a lo que no tienes previsto hacerle caso, tuve la sensación de no haberme visto reflejado, di marcha atrás y al mirarme... yo no estaba.

Antes de eso ya había pasado muchas horas mirándome al espejo y me había dado cuenta de que, en realidad, lo que vemos reflejado no es un reflejo de nosotros, sino una especie de *alter ego*. Estos *alter ego* aprovechan el tiempo que pasamos mirándonos de frente, ya sea maquillándonos, afeitándonos o lavándonos los dientes, para conseguir ser capaces de imitarnos con una perfección tan absoluta que, cuando estén ya preparados para pasar a este lado, podrán hacerlo de forma tan exacta que absolutamente nadie sospeche que se han apoderado de nosotros y de nuestras vidas.

Mientras estuve loco, muchas veces necesitaba cambiarme de ropa y afeitarme para verme diferente en el espejo.

A veces me miraba en el espejo y tenía la sensación de que yo ya no era yo y necesitaba afeitarme, darme un baño o una ducha y cambiarme de ropa cuanto antes para expulsar a la persona que se había apoderado de mi vida.

Si eres una persona a la que le gusta el terror, te aconsejo jugar un día a mirarte fijamente en un espejo o un escaparate dando por sentado que el reflejo en realidad es otra versión de ti tratando de empaparse de tus gestos para, cuando menos lo esperes, apoderarse de tu vida.

Si eres capaz de aguantar el tiempo suficiente, te aseguro que en algún momento tendrás la sensación de que le has pillado reaccionando un poco más despacio a alguno de tus gestos y sentirás pánico.

Mientras estuve loco yo le pillé varias veces.

Algunas incluso noté cómo se le escapó una sonrisilla de:

«Me has pillado, pero tarde o temprano bajarás la guardia y entonces yo entraré».

Pero ya iremos con los detallitos sórdidos un poquitín más adelante.

Primero necesito que nos quede superclaro el tema de las señales y las tramas.

Otra de las tramas era *Vivimos al mismo tiempo en varios planos*. Esta es de mis favoritas.

¿Nunca te has preguntado qué hubiese pasado si en lugar de tomar una decisión hubieses tomado otra distinta?

Pues resulta que mientras estuve loco descubrí que, en realidad, no somos más que una de los miles de millones de vidas que estamos viviendo al mismo tiempo.

Digamos que, aunque cada día nos vemos obligados a tomar mil decisiones —algunas más importantes que otras—, mi cabeza decidió que las estaba tomando todas.

Lo único que pasa es que podemos elegir a cuál de ellas queremos ir de forma más consciente.

Así que mientras estuve loco fui plenamente consciente de la cantidad de opciones que tenemos cada segundo y, por culpa de eso, incluso parpadear era algo agotador porque con cada decisión estaba sacrificando millones de posibles vidas.

Imagina estar sentado en el sofá viendo una peli, sentir sed y tener que decidir quién querrás ser a partir de ese momento:

¿El que se levantó y fue a beber agua?

¿El que esperó un poquito más?

¿El que pasó de beber agua?

¿El que se levantó y paró la peli?

¿El que se levantó y no la paró?

¿El que nunca tuvo sed?

Y, obviamente, la cosa no termina ahí porque cualquier decisión conllevará otro millón de decisiones.

Si decides levantarte e ir a por agua…

¿Aprovechas para echar una meada?

¿El agua la beberás del grifo o de la nevera?

¿Bebes y vuelves al salón con un poco más de agua o no hace falta?

Saber que estás a punto de tener que renunciar a cientos de miles de vidas te aseguro que convierte la vida en algo extremadamente agotador.

Por cierto…

Esta fue la trama con la que las voces empezaron su invasión el día del baño.

Para tranquilizarme por todo lo que estaba pasando en mi cabeza al descubrir que había cosas que me habían permanecido ocultas porque todavía no estaba preparado, el cerebro me ofreció la opción de hablar con alguien que había pasado por lo mismo que yo estaba pasando y podía calmarme.

Yo dije que sí y… ¡alehop!

El cerebro me pasó con mi yo…, pero del futuro.

Ya os avisé antes de que el día del baño todo se desmadró bastante.

Pero centrémonos, porque lo primero que necesitas saber para poder ver la vida como yo la vi mientras estuve loco es que tu cabeza crea varias tramas y coordina las señales como uno de esos guiones que al principio parecen historias inconexas, pero que, si prestas atención, todas tienen relación y, al final, todas encajan.

En *Mudanza cósmica*, la del cambio de planeta a bordo de una nave que replicaba de forma exacta las características de la Tierra, el traslado estaba siendo controlado por algunos seres humanos que ya lo habían hecho meses antes. Su viaje había salido bien y ahora estaban dirigiendo el nuestro desde ese otro planeta al que íbamos de camino.

Digamos que ellos eran como esos equipos de la NASA que controlan desde tierra los trayectos de sus naves, con la diferencia de que ellos ya estaban en aquel otro planeta asegurándose de que todo en nuestra expedición fuese perfecto.

Para comprobar que eso era así y que estábamos en una nave y no quietos en mitad de una piedra enorme que, a pesar de tener todo un universo por el que desplazarse, ha decidido que su recorrido se limite a girar alrededor del sol —algo que no pongo en duda que al ser humano le venga superbién, pero que como recorrido es tan aburrido como el de una Roomba estropeada—, bastaba con echar un vistazo a la luna cada noche y ver que, efectivamente, estaba cada vez más cerca de nosotros.

Juro que hubo noches que sentí que en cualquier momento pasaríamos tan cerca de la luna que íbamos a poder tocarla estirando los brazos un poquito.

Aunque solo había algunas personas que sabíamos la verdad de lo que estábamos haciendo, teníamos la responsabilidad de fingir que no sabíamos nada de nada para no llamar mucho la atención de los que no estaban al tanto y evitar crear una situación de pánico.

Pero si pertenecías o no al grupo de personas que conocíamos la verdad era algo que podía saber en menos de un segundo con simplemente echarte un ojo.

En esta trama, aunque la señal más evidente era que la luna estaba cada vez más cerca, había otras señales más sutiles como, por ejemplo, encontrar frente a la puerta de mi casa guantes de astronauta dejados caer expresamente por miembros del equipo que ya habían llegado a aquel otro planeta al que nos estábamos mudando. Su intención era que, cuando empezásemos a estar más cerca, tuviese a mano ropa preparada para el desembarco y no perdiera mis manos al tocar algunas cosas que quemarían mucho más de lo normal.

¿Recordáis que ingresé en junio y os he dicho que absolutamente todo eran señales?

Como mi locura empezó a desbordarse en aquella bañera a finales de mayo, los días que fueron viniendo eran cada vez más calurosos, así que ese cambio de temperatura en los objetos, como los coches o las barandillas de exterior, también necesitaba su propio significado individual y mi cerebro decidió incluirlo en la trama *Mudanza cósmica*. De este modo se fortalecía la teoría de que, algunos días, la nave pasaba más cerca del sol y, por tanto, era normal notar las cosas más calientes.

El guante de astronauta, en realidad, era un guante de motero blanco que alguien debió de perder muy cerca de mi casa.

El problema es que tenía una especie de parche que, ahora mismo no recuerdo exactamente, incluía símbolos de estrellas y planetas.

Como ves, cuando estás loco, algunas casualidades te vienen muy muy regular.

Más adelante nos adentraremos algo más en la trama de *Mudanza cósmica*, porque hubo una noche en la que estuve al mando de la nave.

De hecho, se me fue tanto de las manos que algo de lo que hice llamó la atención de un periodista y dos días después se publicó un artículo sobre mí.

Solo que confundieron mi locura con un experimento de esos que hace Ángel en Twitter.

Pero ya hablaremos de esa noche más adelante.

Ahora estamos trabajando en que puedas entender por qué oler a café fue el golpe de suerte que hacía falta para que acompañara a mi amigo al hospital.

Aunque cada trama tenía sus propias señales, algunas de ellas eran compartidas por todas las tramas.

Los sonidos agudos, por ejemplo, servían para confirmar que cualquier cosa que estuviera pensando o pasando en ese momento estaba ok.

Sin embargo, los sonidos graves significaban que algo no iba bien y era superimportante extremar la precaución enseguida.

Y el olor a café básicamente significaba que todo estaba ok.

¿Por qué?

Pues después de darle muchas vueltas creo que el café estaba en el bando de los buenos porque me servía para mantenerme más tiempo despierto.

Mientras estuve loco, estar despierto era agotador, pero al mismo tiempo fascinante.

Cada segundo era como encontrar un tesoro que te daba pistas cada vez más claras sobre dónde estaba el próximo tesoro.

Y dormir era aterrador por muchísimos motivos.

Para empezar, te impedía estar lo suficientemente alerta.

¿Cómo vas a irte a dormir sabiendo que hay personas al otro lado del espejo esperando que bajes la guardia para apoderarse de tu vida?

¿Y si al despertar han conseguido resetear tu mente y olvidas la verdad?

Además, te genera la ansiedad de saber que puedes perderte muchas cosas increíbles.

¿De verdad quieres dormir sabiendo que la luna esa noche estará muchísimo más cerca de lo que estuvo ayer?

Y, por supuesto, por las noches, el mundo está mucho más tranquilo y es el momento en el que la claridad de las señales se multiplicaba por cien mil.

Además, como todo el mundo duerme, apenas hay ruido y puedes encerrarte todavía un poquito más en ti.

¿Quién iba a querer dormir sabiendo que al caer la noche puedes sentarte a charlar con unos tipos que están ya en otro planeta esperando a que tú llegues?

¿Quién iba a querer dormir sabiendo que puedes hablar con tu yo que está a veinte años de distancia?

¿Quién podría dormir teniendo la certeza de que por fin ha descifrado el universo?

Mientras estuve loco, estar despierto era increíble.

Y el café me permitía estarlo.

Así que estaba clarísimo que algo que había sido creado para mantenerme despierto era algo pensado para ayudarme y, por tanto, podía fiarme del café.

Por eso, cuando mi amigo entró en la habitación pidiendo que le acompañara al hospital, pegué un brinco y dije:

—¡Claro!

Salí de la habitación y me metí en el coche.

Total...

Olía a café.

Estaba claro que nada podía salir mal.

En cinco minutos volvería a estar en mi casa.

Creo que no tardaron ni una hora en ingresarme.

La siguiente vez que volví a pisar mi casa fue catorce días después de aquel magnífico «¡claro!» y en un estado de ánimo completamente opuesto al que tenía cuando salí aquel día de casa.

El mundo era el lugar más decepcionante, aburrido, triste y solitario de todo el universo.

Ahora odiaba estar despierto y solo quería cerrar los ojos.

6

HOSPITAL

LO MÁS RARO DE SALIR del ala de psiquiatría de un hospital es que todo el mundo se alegra mucho de algo que en realidad está muy lejos de ser cierto: ya estás bien.

Te aseguro que no existe una sensación más alejada del concepto «estar bien» que salir de un hospital después de catorce días de ingreso en el ala de psiquiatría.

Pasar por algo así es el equivalente a esos memes que hay en internet en los que se ve una foto espectacular de algo junto a la frase «cuando lo pides por AliExpress» al lado de otra acompañada de un «cuando te llega», pero en lugar de con un chándal…, con la vida.

Antes de ser ingresado, el mundo es un lugar literalmente mágico donde todas las personas son dioses con poderes extraordinarios que simplemente usan de forma muy discreta —y solo cuando resulta imprescindible— para que nadie descubra su verdadera identidad.

Pero, al salir, toda esa gente no solo no tiene poderes, sino que la mayoría lo único que hace es quejarse porque le toca madrugar, relacionarse con gente que no le cae bien, hacer cosas que no le divierten, pasar el día de mal humor porque un desconocido al que le importas y te importa una mierda te ha insultado en redes, preocuparse porque alguien que te da absolutamente igual no te ha contestado todavía a no sé qué que en el fondo da lo mismo porque no es tan importante o, simplemente, está muy enfadada porque en el bar ha pedido un café solo y el camarero se lo ha puesto con leche desnatada.

De repente, las personas se convierten en estorbos que lo único que generan en tu cabeza es más ruido del que puedes soportar mientras a cada rato te preguntan si te pasa algo porque te notan «como raro».

Hablemos claro:

Cuando alguien es ingresado en un hospital porque se le ha pirado la cabeza no está «como raro».

Está raro.

Está raro de cojones.

Y lo más importante:

Estará raro mucho tiempo.

Puede que años.

Pero —y esto es importante— no es nada personal contigo.

La decepción es consigo mismo.

Sobre todo porque al principio ni siquiera sabe muy bien lo que ha pasado.

Tiene que mantenerse tan drogado para evitar que las voces vuelvan que el cerebro ni siquiera le funciona a medio gas.

Sale del hospital con un lote de pastillas encargadas de mantener su cerebro lo más apagado posible.

En mi caso tenía que tomar tres: Risperidona, Abilify y Lorazepam.

Podría explicarte para qué se prescribe cada una, pero paso de aburrirte con términos médicos porque lo que necesitas saber es que, al salir del hospital, todas tus sensaciones se limitan a un plano físico y lo único que sientes es algo parecido a como si alguien hubiese aprovechado que te has quedado dormido diez minutos para sacarte hasta la última gota de sangre y rellenarte con arena, hierro y mierda.

Te desplazas de un lugar a otro como un zombi que ni siquiera tiene ganas de matar.

Por eso es importante que, si alguna vez estás con alguien que haya pasado por algo parecido a esto, evites frases como: «Eras más divertido antes», «anímate un poquillo», «estás supercambiado», «no puedes estar así de serio siempre», «¿te pasa algo conmigo?» o «deja de dar vueltas a lo que ha pasado», porque solo sirven para que el exloco se encierre cada vez más en su burbuja. Con esos comentarios lo único que le generas es la sensación de que es un absoluto imbécil que no está haciendo bien y rápido las cosas.

Así que no está como raro.

Simplemente está intentando reconstruir lo que ha pasado para tratar de volver a darle algún sentido al mundo.

El primero en querer estar bien es él.

No tú.

Él.

Salir del hospital no significa que esa persona ya esté bien.

Significa que ya está controlable, pero extremadamente lejos de estar bien.

Y, además, es muy probable que esté muy asustada.

¿Sabes una de las cosas más complicadas que tuvo para mí volverme loco?

Volver a ser capaz de hablar sin tener miedo.

Como uno de los motivos por los que acabas ingresado en el ala de psiquiatría es por haber dicho y hecho cosas raras, lo primero que intentas al salir de allí es evitar hacer y decir cosas raras nunca más, pero claro...

¿Qué es raro?

Y, sobre todo, ¿quién marca esa línea?

¿Quién decide: «De esta línea en adelante todo es raro»?

Imagina que te ingresan por decir que cada noche ves una presencia extraña dentro de tu habitación. Cuando sales, tienes que tomar medicación y, mientras coges tu vasito de agua para tomarte la pastilla que te ayuda a dejar de pensar en mierdas, pones la tele para desconectar un rato y ves que hay un programa lleno de gente a la que no solo no ingresan, sino que además les pagan —y rotulan como expertos— por asegurar que hay pruebas que demuestran que las presencias existen y, de vez en cuando, nos visitan desde el más allá.

Tú esa pastilla te la tomas porque a tu lado hay alguien asegurándose de que lo hagas, pero en tu cerebro aparece el GIF de la niña rubia con chaqueta rosa y una coleta a cada lado encogiéndose de hombros con cara de no entiendo nada.

Así que tu vuelta al mundo real está llena de miedos, inseguridades, desconciertos y vergüenzas.

Y como lo último que quieres es que vuelvan a ingresarte, para evitar que haya algún malentendido, intentas controlar con mucha pero mucha precisión absolutamente todo lo que dices.

Del miedo que sentía a volver a hablar me di cuenta en una sesión con mi psiquiatra.

Obviamente, después de pasar por algo así es muy recomendable ir a un psiquiatra.

También me recomendaron un psicólogo, pero más adelante os contaré lo poco que duró la relación entre ese tipo y yo.

Por cierto… Igual que hay psiquiatras y psicólogos muy buenos, también los hay que son una puta mierda.

Lo digo porque muchas veces nos bombardean por todas partes sobre la importancia de recurrir a un psicólogo o psiquiatra que nos pueda echar un cable a poner orden por ahí dentro cuando nos sintamos muy perdidos, pero muy poquitas veces nos comentan que algunos son tan malos que deberían prohibirles ejercer.

Lo aclaro para que si de repente sientes la necesidad de pasar por uno y, después de una sesión, notas que te ha tratado regular, tengas muy claro que seguramente sea porque, en efecto, te ha tratado regular, no porque estés poco receptivo. Lo mejor que puedes hacer es buscar a otro con el que te sientas bien.

El hecho de tener un papel en el que pone que eres oficialmente tal o cual cosa no te convierte de inmediato en alguien bueno en esa tal o cual cosa. Te convierte en alguien que simplemente consiguió sacar la nota que pedían para conseguir ese papel.

Dicho esto... Yo solo recurrí a la psiquiatría. Tampoco es que la relación con mi psiquiatra durase demasiado. De hecho, dejé de ir de repente y, por lo que pone en los informes, además sin avisar, pero las veces que fui me sentí extremadamente comprendido y ayudado por ella.

Fueron diez sesiones para ser exactos. Del 22 de junio de 2017 al 20 de febrero de 2018.

El caso es que en una de esas sesiones necesitaba explicarle que, aunque os juro que estaba esforzándome muchísimo por dentro para conseguir recuperar las ganas de vivir y a veces consiguiera estar medio animado uno o dos segundos, había una especie de voz en mi cabeza que, en cuanto notaba que yo empezaba a sentirme medio bien, conseguía poner en primer plano del cerebro todos los problemas que tenía en ese momento junto a lo que acababa de pasar, y me devolvía de una patada en el estómago al fondo de la cueva para que tuviese que volver a reanimarme desde cero. Y eso estaba siendo extremadamente agotador.

Y aunque tenía clarísimo que eso era lo que me pasaba, temía contárselo en voz alta por un motivo muy sencillo: la única forma de explicarlo era diciendo que tenía una voz en mi cabeza, y como la razón de mi ingreso había sido —entre muchas otras cosas— decir que tenía una voz en mi cabeza, a ver quién es el guapo que vuelve a mencionar que oye cositas por ahí dentro.

Por suerte, mi psiquiatra se dio cuenta de que necesitaba contar algo, pero estaba bloqueado y, de alguna manera, consiguió que le perdiera el miedo a decir que me asustaba contarlo por si confundían mis palabras con un «al Angelito le está dando un brote nuevo; vamos a llevarlo rapidito al manicomio». Me tranquilizó diciendo que podía hablar libremente y sin temor porque su intención no era que volviera al hospital ni aumentar la medicación.

De los efectos que me producía la medicación también hablaremos más adelante.

Así que, una vez que consiguió que me sintiera a salvo para poder contar abiertamente lo que estaba pasando en mi cabeza, decidí presentarle al señor Gris.

7

EL SEÑOR GRIS

NO TENGO MUY CLARO que sustituir la frase «tengo una voz en mi cabeza» por «hay una persona viviendo en mi cabeza» sea un plan perfecto para no alarmar a nadie, pero, en cualquier caso, eso fue justo lo que dije.

Pensándolo fríamente, y ahora que he perdido (casi) todo el miedo a hablar, imagino que la frase «habla tranquilo, que yo no estoy aquí para aumentar tu medicación ni devolverte al hospital» incluye un asterisco.

La frase real imagino que es: «Habla tranquilo, que yo no estoy aquí para aumentar tu medicación ni devolverte al hospital..., a menos que claramente se te esté volviendo a pirar la puta pinza, claro».

Pero la segunda parte no la dicen y tú en ese momento no estás para plantearte si las frases llevan trampa.

Simplemente te fías de cualquiera que no seas tú mismo y punto.

La inseguridad que sientes contigo mismo después de pasar por algo así es tan brutal que si alguien te dijera: «Sabes que no puedes respirar porque si respiras mueres, ¿verdad?», dejarías de respirar y morirías convencido de que la verdad la tenía el otro.

Al fin y al cabo, el que un día se volvió loco fuiste tú.

Así que en cuanto mi psiquiatra dijo que podía hablar tranquilamente, quise presentarle al señor Gris.

Por si no fuera bastante deprimente lo de volver a un mundo en el que la luna de repente está muchísimo más lejos de lo que la recordabas y descubres que jamás se acercará tanto como te gustaría; en el que lo de Mozart solo era una grabación que sigue ahí para que la puedas escuchar siempre que quieras; en el que al otro lado del espejo lo único que hay es la pared; en el que tu yo del futuro —que era quien te tranquilizaba cuando te ponías nervioso contándote lo bien que saldría todo— ya no está; en el que no solo no eres hijo de los dioses, sino que llevas diez años sin trabajar realmente en serio, te estás fundiendo los ahorros y te han dicho que si vuelves a fumar, beber o tomarte otra pastilla igual te quedas turuleta, y con una vida en la que, por supuesto, nada de café por si te alteras, tus ganas de moverte son escasas, por no usar la palabra *nulas*.

Te cuesta respirar, hablar, vivir. Los que se han quedado cerca no hacen más que controlar tus movimientos por si haces algo que sea raro (para ellos), llamar al hospital cagando leches para reingresarte. Por tanto, cada dos o tres minutos te preguntan si estás bien o si necesitas algo y tú les mientes porque la verdad les dolería tanto como a ti el hecho de haber vuelto a una vida en la que ya no te mandan señales encubiertas ni Chris Pratt ni los aceites y tu pareja ha registrado hasta el último rincón para asegurarse de que en casa ya no queda ni una droga...

Algo muy inteligente por su parte, porque obviamente lo primero que haces al salir del hospital es intentar drogarte un poco cuando nadie esté mirando.

«Pero pensar en drogarse nada más salir del hospital está fatal, Ángel».

Ya.

Pero si tú hubieses descifrado el universo como yo lo descifré mientras estuve loco, te aseguro que también harías lo imposible por volver a verlo con mis ojos.

Algo que, recordemos, es justo lo que quiero conseguir que puedas hacer cuando nadie esté mirando y sin drogarte. 😉

Pero por si todo eso no fuera suficiente... tienes una voz en tu cabeza dispuesta a tumbarte cada vez que consigas respirar un poco fuerte o esbozar una sonrisa por pequeña que sea.

Lo verdaderamente duro de volverse loco es la recuperación de la cordura.

Si nunca te has vuelto loco, recuperar la cordura quizá pueda compararse, aunque con muchísima distancia, con despertar justo después de un sueño en el que te has quitado de encima todos los problemas que te aplastan a diario en esta vida.

Por eso —y esto quizá no debería contarlo todavía— sospecho que los que nos volvemos locos jamás volvemos a un estado completo de cordura.

O, al menos, no a lo que considerábamos cordura.

Pero esto ya lo explicaré más adelante.

Insisto en que ahora lo importante es conocer al señor Gris.

Antes os ponía el ejemplo de que volverse loco es como si, de repente, el baúl donde tienes un montón de voces bajo llave se cayera al suelo dejando en libertad y sin control a todas esas voces.

Pues bien...

Recuperar la cordura consiste en tener que reagrupar a todas esas voces para devolverlas al baúl.

Pero —y aquí viene lo bueno— ¿realmente quieres devolverlas todas a un baúl donde se volverán a mezclar unas con otras, cuando puedes organizarlas en estantes para saber cuál es la que está dando por culo cada vez?

Intentaré explicarme algo mejor.

¿Nunca has tenido en tus manos un manojo de llaves y justo la que necesitas es la última que pruebas?

¿Recuerdas la sensación que genera perder tiempo probando llaves que no sirven para nada una y otra vez?

Por no hablar de esas veces que jurarías que ya las has probado todas, pero vuelves a empezar intentando prestar más atención a tu sofisticada estrategia de seguimiento de llaves ya probadas con la que has fracasado varias veces y con la que seguramente fracasarás una vez más.

Ahora imagina que todas esas llaves se sueltan del manojo y caen al suelo. Al recogerlas, teniendo en cuenta que de repente puedes verlas a todas ya por separado..., ¿no tendría sentido aprovechar para separar la llave buena de las malas?

Pues resulta que esa es justo una de las posibilidades que aparecen cuando un baúl de voces cae al suelo. Como todas las voces quedan libres, las puedes escuchar por separado, así que al ir a recogerlas te das cuenta de que cada una de ellas tenía su propia misión y personalidad.

¿Por qué ibas a querer devolver a ese baúl las que no sirven de nada?

¿No tendría más sentido aprovechar para ordenarlas y así saber qué está pasando cada vez que oigas ruido?

Aunque volverse loco es un caos en muchísimos aspectos, en otros es maravillosamente útil si prestas atención.

A lo largo del día pasan por nuestra cabeza miles de pensamientos: algunos positivos, otros negativos, los hay que simplemente fantasean con las cosas que nos gustaría que nos pasaran... Cientos de pensamientos controlados por una única voz.

Pero volverte loco es como si cada uno de esos pensamientos se independizara y, de repente, los pensamientos positivos pertenecieran a una voz, los negativos a otra, los que fantasean son otra...

Es como si cada pensamiento tuviese su propio dueño.

Una especie de *Inside Out*, la peli esa de Pixar en la que hay monigotes viviendo dentro del cerebro y cada monigote representa una emoción, pero multiplicando los monigotes por diez mil.

Y eso que al principio es un caos aterrador de pronto se convierte en una herramienta que, si consigues ser capaz de aprender a utilizar a tu favor, te servirá para dar la vuelta a la tortilla de una forma fascinante.

Pero, por supuesto, primero tienes que darte cuenta de que tienes esa posibilidad. Algo que no pasa enseguida.

Al principio solo tienes la sensación de que en tu cabeza vive una especie de señor llamado Gris que lo único que intenta es dinamitar cada grano de esperanza que te huela a remontada.

Y así fue como se lo presenté a mi psiquiatra: como un tipo que vivía sentado en una silla limitándose a apagar cualquier atisbo de alegría o tranquilidad que apareciese en mi cabeza.

Un tocapelotas, vamos.

Y entonces ella me miró y me dio una de esas respuestas llenas de profundidad que te cambian la vida para siempre: «Es normal».

A veces me sigue sorprendiendo lo poco que necesitas para sentirte un poquitín mejor después de haberte vuelto loco.

Si alguien, después de contarle cómo nos sentimos, se limita a respondernos con un «es normal», seguramente le mandaremos a la mierda pensando que se nos está queriendo quitar de encima sin ni siquiera habernos escuchado. Pero cuando tu cabeza es incapaz de distinguir lo que es normal de lo que no, os aseguro que un simple «es normal» es una respuesta maravillosa.

Sobre todo porque tu concepto de lo que es normal y de lo que no lo es está totalmente alterado.

Para ti...

Y para los que te rodean.

¿Recordáis cuando he dicho que los que se han quedado cerca no hacen más que controlar tus movimientos por si haces algo que sea raro para ellos?

Pues prepárate para leer algo que te va a encantar.

Al salir del hospital me recomendaron seriamente mantenerme alejado de las redes sociales durante una temporada porque precisamente mi uso de las redes sociales fue una de las cosas que hizo saltar las alarmas de los que me conocen bien.

Sobre todo porque poco a poco empecé a publicar y compartir cosas cada vez más raras. Algo que ahora es normal porque tengo un informativo. Por cierto: gracias a cualquiera que alguna vez lo haya visto, comentado o compartido.

Pero no nos despistemos, que aquí hemos venido a hablar de la locura.

Unas páginas atrás he mencionado que hubo una noche en la que estuve al mando de la nave y se me fue tanto de las manos que un periodista publicó un artículo sobre mí hablando de un experimento de esos que hace Ángel en Twitter.

Pues bien… Ha llegado el momento de que sepas que no fue ningún experimento.

Fue una noche en la que creí que Twitter era en realidad el cuadro de mandos de la nave. 👤 Pero eso te lo contaré con pelos y señales en el próximo capítulo.

8

NOCHES DE PAZ

CREO QUE ES IMPOSIBLE explicar la paz que sentí algunas de las noches que pasé mientras estuve loco.

Sospecho que es una paz que solo si has pasado por algo como esto puedes entender.

Es una paz que va mucho más allá de tener mucho dinero, problemas resueltos, un trabajo que te guste, salud de hierro o que los tuyos estén bien.

Es una paz inexplicable.

De hecho, creo que es un tipo de paz que, si pudiera envasarse en un bote para que la gente pudiera probarla, sería una de esas cosas que después de saborear dirían: «Pero conseguir esta sensación de paz es imposible».

Sin embargo, es posible.

Aunque aún es pronto para que sepas cómo.

El caso es que, así como durante el día tu cerebro escucha cientos de voces saltando de una trama a otra para poder interpretar cada cosa que se cruce con alguno de tus cinco sentidos, la noche es infinitamente más calmada y te permite escoger con qué voz quieres charlar.

Digamos que podría resumirse en que durante el día es la locura quien te busca a ti aprovechando que el bombardeo de estímulos es una barbaridad porque todo el mundo está despierto, pero tienes que guardar el secreto de que por fin has descifrado el universo. En cambio, por la noche eres tú quien va a buscarla porque, como todo el mundo duerme, puedes disfrutar de la experiencia completa de estar loco sin que nadie te interrumpa.

Mis dos tramas favoritas para las noches eran *Mudanza cósmica* junto a conversaciones largas e intensas conmigo mismo en *Mi yo del futuro*.

Un tipo que, por cierto, no podía contarme la situación exacta de cómo estábamos en ese futuro para no espoiler la cantidad de cosas buenas que estaban por llegar.

Él se limitaba simplemente a decirme que en nuestro futuro todo estaba muchísimo mejor de lo que yo pudiera imaginar y reconducía la conversación a lo sorprendente que era poder estar hablando a través del tiempo y el espacio.

Mi yo del futuro fue una de las voces con quien más conversaciones tuve mientras estuve loco.

Además, su aparición fue una jugada maestra por parte del cerebro el día en que el baúl de voces cayó al suelo.

¿Me prestas de nuevo tu cerebro para poder hacer un *flash-back*?

¿Recuerdas que el día de la bañera lo habíamos dejado en *stand-by* y un poquitín más adelante he mencionado que la voz que apareció para tranquilizarme por lo que estaba pasando me puso en contacto directo con mi yo... pero del futuro?

Pues ahora ha llegado el momento de que asistas en primera persona a un ejercicio magistral sobre cómo un cerebro puede demostrarte que, en realidad, el tiempo y el espacio son conceptos fácilmente manipulables.

Recordemos que el primer paso del cerebro fue entrar disimuladamente creando una voz dispuesta a jugar conmigo bajo la premisa de que podíamos diseñar una caja fuerte donde guardar ideas de forma intacta. Y que el primer movimiento de mi cabeza para tratar de llevarme a la locura fue responder con un **«porque no estabas preparado»** cuando le pregunté por qué yo no sabía que se podía hacer eso. Así se originó ese desdoblamiento en el que una parte de mí sabía cosas que yo no.

Y que cuando yo dije «sí» a su oferta de permitirme hablar con alguien que había pasado por lo mismo que yo estaba pasando y que podría tranquilizarme, el cerebro hizo ¡alehop! y me puso en contacto con mi yo del futuro.

Pues bien.

Cuando el cerebro me ofreció la opción de hablar con alguien que había pasado por lo mismo que yo y dije que sí, me pasó con una voz, aunque todavía no sabía que esa voz era yo mismo, pero dentro de unos años.

Cuando acepté que mi cabeza diera paso a esa otra voz, simplemente apareció otra voz diciendo:

—Hola.

Yo respondí:

—Hola.

Y entonces hice la pregunta que sirvió para que las voces avanzaran un par de casillas más en su lucha por la abolición de la cordura en mi cabeza.

Después de saludar a aquella voz amablemente pregunté:

—¿Y aparte de lo de crear una caja fuerte para guardar bajo llave las ideas, hay más cosas que no sepa porque no estoy preparado?

—Claro. Muchas.

—Vaya. ¿Y tú quién eres?

—Soy tú. —Silencio—. Solo que desde otro plano.

Y de repente mi cerebro se convirtió en el GIF del tipo que se lleva las manos a la cabeza y tras él aparece la imagen de un universo en expansión.

Y aprovechando el desconcierto en mi interior, y para evitar que pudiera ser consciente de forma rapidísima de que todo aquello que estaba pasando era una puta locura, porque os juro que durante una décima de segundo creo que fui consciente de que aquello era imposible, la voz se preparó para dar un triple salto mortal: demostrarme que lo que estaba pasando en mi cabeza era verdad de una forma muy sencilla.

¿Cómo?

Vamos allá.

¿Me dejas un momento tu cabeza?

Voy a pedirte que me dejes jugar con ella a un juego que sospecho servirá para que puedas entender algo mejor lo que pasó.

Busca algún recuerdo de cuando eras niño, adolescente o simplemente algo más joven.

A ser posible, uno en el que estuvieras asustado, desconcertado, triste o solo.

Échate un vistazo y date cuenta de la cantidad de miedo o pena que sentías.

Cuando lo tengas y puedas recordarlo con la suficiente claridad, imagina que puedes colarte en tu cabeza de aquel día y susúrrate algo que te tranquilice porque, desde donde estás ahora, sabes que no fue para tanto.

Si notas que tu yo del pasado no termina de creerte, dale pistas que le calmen.

No tengas prisa.

Quédate con él hasta que se calme.

Tómate tu tiempo para charlar con ese crío.

Al fin y al cabo, eres tú y estáis a solas, ¿no?

Háblate con calma y con cariño.

Bien.

Ahora pasemos a la fase dos del juego.

Imagínate a ti mismo dentro de unos años.

Todo está bien, lo que ahora te agobia —seguro que hay algo, porque siempre hay algo que te agobia— ya no está y, de repente, recuerda lo que hemos hecho de viajar a un recuerdo de cuando eras niño e imagina que a ese tú de dentro de unos años le apetece hacer lo mismo, pero viajando a justo hoy.

A este momento en el que estás ahora conmigo.

Piensa en eso que te está agobiando ahora y deja que tu yo del futuro te tranquilice porque ya lo has superado.

¿Qué te dirías?

Ponle el mismo cariño y dedica el mismo tiempo que con tu yo del pasado.

Al fin y al cabo, eres tú y estáis a solas, ¿no?

Presta mucha atención a las palabras que te digas.

Escúchalas con atención.

Ya volverás más tarde al libro.

Yo me quedo por aquí en silencio.

Tú ahora simplemente escúchate.

¿Ya?

Enhorabuena: tu yo del futuro te ha visitado y ha hecho contigo lo mismo que has hecho antes con tu yo del pasado.

La única diferencia entre lo que acabas de hacer y estar majara es que tu yo del futuro hubiese entrado en tu cabeza sin que lo invocaras de forma totalmente consciente.

Para mí, aquel momento fue como desbloquear un superpoder que había permanecido oculto durante treinta y nueve años.

De repente, y de forma fluida y natural, los conceptos de tiempo y espacio se habían roto para siempre.

Con tan solo pensarlo podía viajar a cualquier momento de mi vida pasada o futura simplemente para charlar conmigo un rato y ver qué tal estaba.

Lo que todavía no sabía es que aún podía rizarse más el rizo y, días después, me haría una pregunta que abriría un poquito más la puerta al caos.

Una pregunta en apariencia inofensiva, pero que serviría para que el cerebro hiciese crec un poco más:

—Si yo puedo ir al pasado o al futuro para hablar conmigo cuando me dé la gana…, ¿significa que ellos también pueden venir a mi cabeza cuando más les apetezca y, además, sin avisar?

Respuesta:

—Claro.

¡¡¡Tachán!!!

Nos complace informarle de que su nivel de locura se acaba de incrementar en dos barritas.

De repente, gracias a esa preguntilla que yo pensaba que era totalmente inofensiva, abrí la puerta a tener la opción de estar desayunando y, sin haberlo yo previsto, escuchar en mi cabeza un **«¿qué tal vas?»**, simplemente porque a mi yo del futuro le apetecía pasarse a saludar.

Todavía hoy me sigue fascinando no haber sido capaz de darme cuenta de lo que estaba pasando en mi cabeza.

Pero a cambio debo reconocer que mis conversaciones con mi yo del futuro eran maravillosas.

Sobre todo porque él siempre estaba bien.

Solo un par de veces me contó que había tenido un mal día, pero que no podía decir qué le había pasado ni con quién porque una de las reglas era no contarme nada para evitar que yo pudiera hacer cualquier modificación en este plano y perjudicar la vida que habíamos conseguido tener en el futuro.

Y como él aseguraba que era una vida que, aunque de vez en cuando pasase algo que no le terminaba de convencer, era muchísimo mejor de lo que nunca hubiésemos imaginado…, yo me limitaba a tratar de sacarle una sonrisa.

¿Os cuento un secreto?

Echo de menos a ese tipo.

Echo de menos su seguridad y tranquilidad.

Tuvimos grandes charlas, nos animamos mutuamente, reímos juntos recordando cosas del pasado y por cosas que no tenía ni idea de qué eran porque todavía no habían pasado, pero que él aseguraba que, cuando llegasen, me harían reír a carcajadas.

Aun así, lo más importante es que me daba mucha paz estar con él.

Mucha.

Era como estar con alguien que ya se ha enfrentado a todas las putas trampas que hay por el camino y supiera cómo sortearlas todas saliendo siempre ileso.

Por eso, mientras estuve loco, las noches eran el momento más feliz del día.

Me relajaba mucho hablar con él.

En cuanto Eva se metía en la cama, yo me acercaba al ordenador, ponía algo de música y me tumbaba en una hamaca del jardín a mirar fijamente la luna y las estrellas para disfrutar la sensación de estar acercándonos a ellas cada minuto un poco más. Entonces preguntaba: «¿Estás ahí?».

Y aunque él siempre respondía, algunas noches no podía quedarse a charlar conmigo porque también tenía cosas que hacer. Esas noches nos limitábamos a una conversación algo más rápida que nos permitiera asegurarnos de que lo teníamos todo controlado y volvíamos cada uno a nuestras vidas.

Así que, a veces, mis noches se limitaban a tumbarme en el jardín mirando atentamente al cielo y, como lo único que rompía el silencio era una lista de música aleatoria, mi cerebro la integraba de tal modo que, de repente, se convertía de forma involuntaria en el departamento responsable de controlar mi estado de ánimo.

Porque obviamente, cuando te vuelves loco, lo aleatorio significa *¡señal!*

Y la noche en la que un periodista interpretó que Ángel estaba demostrando que «Twitter ha muerto» fue una en la que Ángel no pudo ocupar su mente en pasar el tiempo charlando con el Ángel del futuro y simplemente llevó al límite otra de las tramas que todavía no os he contado: *Salvar el mundo.*

¿Cómo?

Aprovechando que Twitter era el cuadro de mandos de la nave.

La noche en que aquel periodista creyó que estaba jugando a demostrar que Twitter era absurdo retuiteando sin ton ni son cualquier tuit que se cruzase en mi camino, en realidad, estaba tratando de crear un mundo en el que solo hubiese cosas que realmente dieran la impresión de que nos servirían para convertir el mundo en un lugar mejor.

En el artículo dicen:

Ángel Martín lleva una semana retuiteando tuits motivacionales, recetas de cocina, fotos de paisajes, memes cinéfilos, imágenes de mascotas, gifs de aplauso lento, canciones y un largo etcétera. Por resumir, todo

aquello que cae por su TL. Sin criterio, sin orden, sin concierto[1].

Pero lo que estaba pasando era todo lo contrario:

Había muchísimo criterio, orden y concierto, pero a una velocidad que generaba la sensación contraria.

Por desgracia, soy de los que borraron hace tiempo todas sus publicaciones en Twitter.

No lo borré por nada relacionado con esto, sino porque soy de los que llevan años intentando entender Twitter y ha ido limpiando su cuenta cada dos por tres con la esperanza de haber encontrado alguna clave que le sirva de algo y empezar de cero, pero esta vez ya con un plan.

Por suerte, recuerdo perfectamente los motivos que me hacían retuitear las cosas.

Para mí, retuitear era una manera de dirigir el mundo en una u otra dirección.

Retuitear un paisaje no era simplemente retuitear un paisaje.

Retuitear era dar el ok a fijar ese paisaje y, al hacerlo, la gente que ya estaba en el otro planeta podía ponerse a crear aquel

---

[1] «¿Puede Ángel Martín desmantelar la burbuja de Twitter en solo una semana?», Cristian Campos, *Vanity Fair*, 5 de junio de 2017. https://www.revistavanityfair.es/cultura/entretenimiento/articulos/que-le-pasa-a-la-cuenta-de-twitter-del-comico-angel-martin/24573.

tipo de paisaje o lo que fuera que yo retuiteaba, desde un plato a una filosofía de vida.

Mi cabeza decidió que la persona que acababa de publicar cualquier cosa que apareciera en mi *timeline* lo había hecho única y exclusivamente para mí porque consideraba importante que lo revisara y valorase si tenía sentido fijarlo como un nuevo ingrediente de aquel mundo que podíamos crear con nuestras mentes o no era tan interesante y podíamos dejarlo pasar sin más.

Por eso, la mayoría de los *hashtags* que acompañaban mis tuits, y que gracias al artículo he podido comprobar, eran cosas del tipo #solopregunto, #nohagaisruidoqueestoytrabajando o #postpost. En realidad, los ponía porque me servían para tener localizadas las cosas que iba fijando para aquel nuevo mundo que se estaba creando.

Por cierto…, el periodista termina el artículo diciendo: «Quizá la intención de Ángel Martín no sea esa [desmontar Twitter] y solo le esté dando al botón de retuitear al azar. Quizá se haya vuelto loco».

Mensaje al periodista: la próxima vez fíate más de tu instinto. 😉

Y aunque en Twitter utilicé muchos *hashtags*, hubo dos que aparecían prácticamente en todas las publicaciones que subí a mis redes sociales mientras estuve loco: #nohagaisruidoqueestoytrabajando y #post-it. Estas dos etiquetas tenían un significado todavía más loco. Especialmente, la de #post-it.

Aunque, como ya sabes, había varias tramas principales, a veces también se generaban subtramas puntuales.

Digamos que era como si de vez en cuando el cerebro necesitara probar nuevas historias con las que divertirse un poco más para poder oxigenar y perfeccionar las tramas más habituales.

La idea de #post-it surgió de una subtrama en la que creí que algunos seres humanos, aparte de ser hijos de los dioses y blablablá, también habíamos evolucionado a un nivel en el que podíamos modificar la realidad en la que vivimos simplemente con pensarlo.

Por supuesto había unas reglas.

La más importante era que tus deseos jamás podían perjudicar a quienes tuvieran deseos distintos a los tuyos.

Es decir…, podías conseguir crear un mundo en el que siempre fuese primavera, con la condición de tener que encontrar la manera de que si en algún momento te cruzabas con alguien cuyo deseo fuese un mundo en el que siempre fuese invierno, ni él tuviese que pasar un solo segundo en tu primavera ni tú en su invierno.

Pero para desbloquear ese superpoder primero tuve que pasar por una de las experiencias más agotadoras por las que he pasado nunca:

MORIR.

9

LA MUERTE

UNA DE LAS MEJORES cosas que me ha dejado el haberme vuelto loco es que ya no le tengo ningún miedo a la muerte.

Aunque nunca ha sido un tema que me haya preocupado demasiado —por no decir nada—, he descubierto que, desde que pasé por esta historia, mi miedo a morir ha desaparecido por completo.

Sospecho que es gracias a que, de alguna manera, mi cerebro ya conoce la muerte y, pese a que fue un proceso mental muy doloroso y extremadamente agotador, aunque también hubo muchas risas, ahora mi cerebro interpreta morir como aquello que no estuvo tan mal y simplemente nos lleva un paso más en una dirección desconocida.

Supongo que les tenemos miedo a algunas cosas simplemente porque o bien las hemos vivido y nos han generado un temor que ha dejado la sensación grabada a fuego en nuestra piel, o bien nunca las hemos vivido y nos montamos una peli en la cabeza acerca de lo terrible y doloroso que serán, aunque luego quizá no lo sean tanto.

¿Alguna vez has tocado algo y, al notar que está caliente, te ha hecho retirar la mano tan rápido como si hubieses estado a punto de meter la mano en lava y, sin embargo, cuando vuelves a tocarlo con cuidado, te das cuenta de que no era para tanto, a pesar de que tu primera reacción casi te disloca el hombro?

Creo que la idea de morir tiene algo de eso.

Damos por sentado que debe ser algo tremendamente aterrador porque, al no poder morir de vez en cuando para ver qué tal es eso, el cerebro no tiene ni idea de a qué se enfrentará y decide suponer que será un momento triste, oscuro y doloroso porque así es como generalmente lo sentimos quienes nos quedamos vivos, pero...

¿Y si eso no es así?

¿Y si morir es lo contrario a doloroso?

¿Y si al morir, por impactante que pueda ser visualmente para otros, nuestro cerebro desconecta cualquier posibilidad de sufrir el más mínimo dolor y activa un mecanismo de felicidad y calma extrema?

¿Qué pasaría si supieras que al morir sientes la mayor paz que has sentido nunca porque tu cerebro te bombardea con un torrente de imágenes, olores y emociones que, después de tantos años ya contigo, sabe al cien por cien que impedirán que sientas el más mínimo dolor, estrés o agobio?

¿Cómo sería vivir sabiendo que un segundo antes de morir te sentirás como en el momento más álgido de un subidón de éxtasis, creado expresamente para que te sientas bien?

Cualquiera que diga que eso no es así porque él estuvo a punto de morir y blablablá es importante que recuerde que la clave está en que estar a punto de morir no es lo mismo que morir.

De hecho, estar a punto de morir está muy pero muy lejos de morir.

Estar a punto de morir solo es una frase hecha que te sirve para referirte a algo que pensabas que no serías capaz de superar y, sin embargo, mírate.

Estabas muy equivocado.

Pero morir es muy distinto.

Morir es…

¿Algún muerto que esté leyendo esto para darnos una explicación?

El problema es que solemos relacionar las peores sensaciones con acercarnos al final, pero…

¿Qué pasaría si lo hicieras al revés?

¿Qué pasaría si de repente relacionaras los momentos más increíbles de tu vida con la frase «estar a punto de morir»?

Y sobre todo…

¿Qué pasaría si descubrieras que morir, en realidad, no es para nada poner fin, sino empezar?

¿Qué pasaría si morir significara, por ejemplo, convertirse en un rayo de luz con capacidad para pensar?

Sé que pueden parecer ejemplos superlocos, pero si quieres ver el mundo como yo lo vi, te toca —si es que no lo has hecho ya— bajar mil diferenciales de pensamientos que tienes preestablecidos y jugar conmigo a barajar ciertas opciones que a tu cabeza le podrían sonar extrañas.

El caso es que pasar por lo que pasé aquel día ha dejado a mi cerebro muy tranquilo con el tema de la muerte porque, aunque obviamente no morí, mi cerebro cree que sí y eso ya no hay forma de impedirlo ni de borrar la sensación.

Es como si en medio de una discusión absurda de pareja se te ocurriera decirle a la otra parte: «En realidad ya no te quiero». No importa que después pidas disculpas alegando que lo has dicho en mitad de un calentón. El daño ya está hecho porque el cerebro no se lo esperaba y ha reaccionado a esas palabras como si realmente fuesen ciertas. Por eso hay millones de parejas que se pasan la vida rompiendo y volviendo. Porque llega un punto en que decir algunas cosas deja de doler o impresionar.

La primera vez que se dicen ciertas cosas en voz alta, el cerebro siente de verdad ese dolor. Cuando se piden disculpas, el cerebro se entusiasma, y si son de esas parejas que se pasan la mitad del tiempo diciéndose barbaridades a la cara, llega un punto en el que se la pela porque piensa: «No pasa nada. Esto es como la otra vez. Nos faltamos, si la cosa se desmadra casi seguro lo dejamos y dentro de tres o cuatro días, el primero que se canse de estar solo llama al otro y raro será que no volvamos a estar juntos».

Al cerebro, romper una y otra vez con la misma persona se la pela porque ya sabe cómo va. Solo le hizo daño la primera vez, pero ahora que ya sabe hasta dónde llegará el listón de lo que vendría siendo el dolor todo le resulta muchísimo más llevadero.

Siempre y cuando tu cerebro no sea un dramas, claro. Pero generalmente solo las primeras veces son las que de verdad impresionan. Las segundas suelen ser más previsibles porque ya lo ves venir, y las terceras ya son... meh.

Así que, aunque no me haya muerto de verdad, mi cerebro está seguro de que sí.

Por eso la diferencia entre alguien que cree que casi muere y yo es que mi cerebro no cree que un día casi morimos.

Él está completamente convencido de que hubo un día que nos morimos y ese es solo uno de los muchos regalitos que me ha dejado lo de haberme vuelto loco.

«¡Pero cuenta ya lo que pasó!».

Voy.

Todos hemos leído o escuchado alguna vez la historia que cuentan algunas personas que aseguran haber estado al borde de la muerte: que ven un túnel oscuro con una luz al fondo y aparecen siluetas de seres queridos haciendo gestos y diciendo: «Aureliana, ven *pacá*».

En mi caso no fue un túnel oscuro con una luz al fondo ni siluetas animándome a ir *pallá*.

En mi caso fue un pelín distinto.

En mi caso...

¿Has llorado alguna vez de esa forma en que las lágrimas tienen tanta fuerza que te impiden abrir los ojos y parece que estés mirando el mundo desde la parte de atrás de una cascada?

Pues así fue como lloré mientras viajaba a una velocidad brutal por un túnel de luz donde millones de voces gritaban más y más simplemente por obtener protagonismo.

Solo había una voz a la que no conseguía oír y, cuando pregunté por qué no estaba, la respuesta multiplicó la cantidad de agua que tenía frente a mis ojos:

—Está debajo sujetándote para que no caigas del todo.

Esa persona era mi chica.

Juro que no escribo estas líneas para asegurarme un polvo esta noche o que ella se quede conmigo para siempre.

Lo escribo porque sé perfectamente que aquel día mi cerebro estaba tan desconectado de mí que las respuestas no pasaban por los filtros de la educación ni de lo que socialmente pueda estar bien o mal visto.

El cerebro estaba en un modo mercenario donde solo respondía las cosas que en aquel momento pensaba de verdad.

Y en aquel momento de caos, el único ser humano en el que mi cerebro encontraba cierta paz y una confianza total era ella.

Así que aquí va consejito de un exloco: si alguna vez las voces vuelven, aprovecha para hacerte una listita de la gente a la que tienes cerca y pregúntale a tu coco qué piensa sobre ellos, porque quizá las respuestas de un cerebro que decide eliminar todos los filtros te sorprenda.

Digamos que ahora sé que a la frase esa de que los únicos que dicen la verdad son los niños y los borrachos estaría bien que le añadiéramos a los locos.

Pero ese viaje a una velocidad comparable a la de la luz a través del túnel fue en realidad la última parte de mi muerte.

La primera parte fue reunirme con ella.

Mis ganas de drogarme esa mañana empezaron tempranito.

Como mi chica tenía compromisos en el centro, se marchó pronto de casa y decidí desayunar fumando hierba.

Mi droga principal era la marihuana.

La descubrí tarde, pero, en cuanto lo hice, centré parte de mi vida en tener siempre la mejor y me prohibí mezclarla con tabaco, así que cualquiera que haya compartido conmigo uno de mis porros dará fe de que la calidad era suprema y que, con un par de caladas, podías quedarte fuera de combate todo el día.

Los primeros años fumé sobre todo de noche, pero poco a poco adelanté las horas de consumo hasta llegar al punto de desayunar café con un canuto.

Obviamente, mi clase de hierba favorita era la *sativa*.

Para los que no entendáis de marihuana, el tema de la hierba lo podemos resumir en que hay dos tipos: *indica* y *sativa*.

Sativa te activa, *indica* te apalanca.

Si quieres una regla nemotécnica para no olvidarlo nunca, piensa en esto: *indica* suena a «india», así que piensa en Toro Sentado y ahí lo tienes... *Indica* te sienta. *Sativa* te activa.

Como yo fumaba con la excusa de «me convierto en una persona infinitamente más creativa a la hora de escribir y de pensar», mi favorita era la *sativa* y muy pocas veces recurrí a la *indica*.

La *indica* empecé a utilizarla durante el esprint final de mi locura porque llegué a la conclusión de que, si una hierba era para acelerar y otra para frenar, podía convertir su uso en una especie de cambio de marchas del cerebro para así moverme entre diferentes estados de ánimo a medida que los necesitara.

Tenía porros de *sativa* en un lado, de *indica* al otro, e intercalaba las caladas para poder acelerar o frenar el cerebro dependiendo de lo que creía que eran las necesidades del momento.

¿No se me ocurría nada?

Caladita de *sativa* para buscar ideas en rincones del cerebro que ni siquiera sabía que existían.

¿Encontraba una idea que me parecía increíble y en la que quería quedarme a vivir un rato más?

Caladita de *indica* para quedarme por allí.

Así que imagina cómo debía estar mi coco por dentro.

Por cierto...

Soy de los que están muy a favor de legalizar la marihuana.

Durante estos años, cada vez que he hecho un comentario relacionado con el cannabis, he tenido que leer a mucha gente diciendo que no diría según qué cosas si supiera los efectos que puede tener en el cerebro de la gente o si me hubiera dado un chungo alguna vez.

Pues bien…

¡LO SÉ PERFECTAMENTE!

Qué ganas tenía de gritar esto, joder.

Por fin toda esa gente ya se ha enterado de que un servidor sabe muchísimo mejor que muchos de ellos —que probablemente nunca han consumido marihuana— los efectos que puede tener en tu cabeza si abusas de ella o la consumes en cantidades industriales solo por evadirte de los problemas.

Me pone muy nervioso la sensación de que algunas personas han dejado de escuchar o de querer investigar y simplemente se limitan a decir lo que les parece socialmente correcto, olvidando que ciertas sustancias utilizadas con responsabilidad y bajo control pueden llegar incluso a usarse como herramienta para paliar las dificultades y dolores extremadamente duros de ciertas enfermedades.

El problema no es la marihuana.

El problema es la falta de cultura alrededor de ella y las pocas ganas de investigar para poder dejar el tema resumido simplemente en «los porretas y las drogas».

Y aunque, por supuesto, también sé que existen casos en los que una persona puede ponerse malísima por dar una o dos caladas, seamos sinceros: muy poquita gente acaba muerta o ingresada por esas dos caladas.

Es el abuso de la marihuana lo que sí te puede meter en problemas importantes.

En cualquier caso, este libro no va sobre marihuana sí, marihuana no, pero si he hecho este inciso es porque necesitaba dejar claro a toda esa gente que suele lanzarse precipitadamente a decirle a otros que no saben de qué hablan que no deberían estar tan seguros de ciertas afirmaciones.

Piensa que cuando hablas con alguien, igual que ellos no lo saben todo sobre ti, tú tampoco lo sabes todo sobre ellos.

Así que quiero dejar claro que, a pesar de que estoy convencido de que abusar de la marihuana es un plan terrible y seguro que fue una de las cosas que hizo que explotara mi cerebro, también estoy convencido de que usada correctamente y con control es una sustancia fascinante.

He esperado a decir esto abiertamente a la mitad del libro porque imagino que, si no estás de acuerdo conmigo, tampoco irás corriendo a la tienda a pedir que te devuelvan el dinero.

A estas alturas, si he controlado bien los tiempos y las palabras, ya deberíamos tener ese nivel de amistad en el que, aunque pensemos diferente sobre algunas cosas, cuando nos encontremos por la calle podremos sentarnos a charlar tranquilamente sobre el tema tomando un café juntos.

Pero recuerda que estoy en el grupo de los que sufrieron un brote psicótico y a pesar de todo la defienden, aunque no haya vuelto a probarla desde entonces.

Que esté a favor de ella no significa que sea tan gilipollas de no saber que, en mi caso, quizá fumar de vez en cuando no sea lo más inteligente.

Aunque tampoco juraría que no vuelva a probarla nunca más, así que a lo mejor un poquito gilipollas sí que soy.

Dicho esto, volvamos a las primeras horas del día de mi muerte.

Aquella mañana mi plan era fumar, preguntar a mi yo del futuro qué tal iban las cosas por allí, confirmar que ningún ser del otro lado del espejo se nos colaba en este por despiste, chequear cuánto nos habíamos acercado al sol, ver cuántas señales me llegaban de las pelis…, agenda típica de loco, vamos.

Pero de repente empecé a encontrarme mal.

Muy pero muy mal.

Tanto que pensé que me moría.

Y por si tener la sensación de estar muriendo no fuese suficiente, todas las voces empezaron a ponerse a hablar al mismo tiempo.

Algunas preguntaban **«¿qué te pasa?»**, otras me decían **«busca la sombra»**, otras **«busca el sol»**, **«ve hasta la cocina y bebe agua»**, **«túmbate en el suelo y no te muevas»**…

Cada voz tenía su propia propuesta sobre lo que tenía que hacer para encontrarme bien.

Todavía hoy, cuando recuerdo aquel momento, noto el peso del cerebro intentando procesar todas las voces bombardeándome con un montón de información incompatible a un volumen tal que lo único que no podía entender era que los vecinos no vinieran a quejarse.

Recuerdo que simplemente me movía de un lado a otro del jardín intentando concentrarme en evitar que el corazón se me parase. Mientras, en paralelo, me esforzaba por bajar el volumen de las voces para poder pensar con calma dónde debería quedarme quieto y, sobre todo, en qué postura, para intentar minimizar el impacto visual que recibiría mi chica al llegar a casa y descubrir que me había dado por morirme mientras ella estaba fuera.

Y en mitad de aquel caos, y por primera vez desde que las voces habían llegado a mi cabeza, fui yo quien formuló una pregunta que las desconcertó:

—¿Y si no quiero morir?

Todavía puedo notar el silencio que se hizo cuando les hice esa pregunta.

Creo que fue la única vez que dejé fuera de combate a aquellas voces durante un par de segundos.

Además, tenía un argumento impecable para convencerlas de que morir no era necesario:

—A lo mejor morir no es obligatorio y simplemente nos morimos porque alguien nos ha convencido de que es algo que hay que hacer y lo hemos dado por sentado.

Y aunque esta observación *a priori* pueda pareceros superloca, creo que mi manera de exponer mi observación a aquellas voces fue impecable.

Seguro que has leído alguna vez un artículo de esos en los que los médicos explican que para probar ciertos medicamentos forman dos grupos de personas y, aunque todos crean que están probando el mismo, a unos les dan el medicamento, y a otros, un caramelito con azúcar. Pero como todos creen que lo que toman es realmente la pastilla que los cura, los del caramelito se recuperan tanto o incluso más que los del medicamento.

Solo cuando descubren que lo que han tomado es el caramelo con azúcar vuelven a enfermar.

Así que mi pregunta fue:

—¿Y si la muerte en realidad fuese placebo? ¿Y si de repente alguien descubriera que el problema es que nacemos creyendo que una de las reglas es morir tarde o temprano, y eso es algo que te inculcan desde muy muy pequeñito, pero un día te dieras cuenta de que es solo una mierda que alguien se inventó por ver cuánto podía limitar la vida a un ser humano?

Al fin y al cabo, en el mundo hay gente que vive más de un siglo, ¿no?

> Pequeño inciso:
> Soy consciente de que algunas de las cosas que leerás en este libro son jodidamente locas, pero créeme que todas esas preguntas son la clase de cuestiones que te surgen cuando cruzas ciertas líneas.

Como lo último que tu cerebro quiere cuando te vuelves loco es poner límites a la locura, en lugar de intentar frenar un poco el carro cuando pregunté qué pasaría si no me diera la gana de morir, mi cabeza metió una marcha más y apareció la voz de la muerte preguntando:

—A ver... ¿Qué pasa aquí?

Si alguna vez tengo la posibilidad de convertir mi historia en una peli, os aseguro que esta será una de las escenas más graciosas que podrán verse.

Sin embargo, tener una entrevista con la muerte para convencerla de que morir no es algo que uno tenga que hacer sí o sí mientras tienes la sensación de estar muriendo no es gracioso.

Es estresante.

Mucho.

Porque obviamente la muerte quiere convencerte de todo lo contrario y no se queda en silencio escuchando tus bobadas.

Ella también tiene preguntas, respuestas y argumentos para convencerte de que te ha llegado la hora de morir y de que tu teoría de que la muerte quizá solo sea una especie de experimento sociopsicológico inventado por sabe dios quién, cuándo y cómo es completamente absurda.

Pero ahora que puedo volver a aquellos tiempos desde la tranquilidad que ofrece estar ya bien (o al menos eso creo), tengo que reconocer que si pudiera ver aquel momento desde fuera me reiría muchísimo.

Sobre todo porque cuando la muerte llegó preguntando «¿qué cojones pasa aquí?», las voces no se fueron.

Las voces sacaron palomitas y se quedaron como público para ver desde primera fila cómo terminaba todo aquello y, por culpa de eso, mi entrevista con la muerte se convirtió en una especie de evento deportivo en el que de vez en cuando las voces celebraban con murmullos algunas de las jugadas.

De que las voces estaban viviendo aquello como si fuera la final de un partido de tenis me di cuenta justo después de explicarle a la muerte lo injusto que me parecía que uno de los premios por descifrar el universo fuese poder hacer realidad absolutamente cualquier cosa excepto no morir.

Os aseguro que en cuanto terminé de decir eso pude notar cómo las voces soltaron una sonrisilla de «ojo, que acaba de encontrar una fisura en el argumento de la muerte».

Y como la muerte contratacó con un sencillo **«lo siento mucho, pero eso es lo que hay»,** yo me saqué de la manga una exigencia muy muy loca, pero que internamente me hizo sentir que podría ganar esa batalla.

Lo que no pude sospechar es que aquella exigencia estaba a punto de llevarme a coger el vaso que ya estaba rebosante de locura para meterlo un rato más bajo un grifo de locura abierto a tope.

—¿Me estás diciendo que tu poder está por encima del universo? —pregunté a la muerte.

Y aprovechando que la muerte se quedó en silencio, lancé sobre la mesa mi exigencia:

—Quiero hablar directamente con el universo.

Y, por supuesto, mi cerebro dijo:

—¡Traed más vasos!

Porque, obviamente, lo siguiente que pasó fue que a mi cabeza llegó la voz del universo diciendo:

—A ver… ¿Qué pasa?

Recapitulemos.

Yo me despierto una mañana, me pongo hasta arriba de hierba que me sienta mal, empiezo a creer que estoy a punto de morir, todo indica que eso es justo lo que va a pasar, se me ocurre preguntar qué pasa si no quiero morir, las voces no entienden nada, les digo que a lo mejor la muerte simplemente fue una frase en plan de broma que caló en el ser humano un pelín más de lo previsto, la muerte viene a decirme que me deje ya de hostias y me muera, yo le digo que no quiero, ella dice es lo que hay y yo le digo a mi cerebro que me ponga con el universo.

Así que ahora en mi cabeza hay un montón de voces a puntito de asistir a una conversación entre la muerte, el universo y un tipo drogado hasta las trancas asegurando que haber descifrado el universo le da derecho a no tener que morir nunca si le sale de los huevos.

Ojito a la fiesta.

Pero la cosa no acaba aquí.

Recordemos que estamos hablando de este día porque en el capítulo anterior hemos comentado lo del artículo que se publicó en una revista donde un periodista creía que yo llevaba unos días poniendo a prueba a Twitter cuando, en realidad, simplemente estaba manejando una puta nave y en cada publicación incluía los *hashtags* #post-it y #nohagaisruidoqueestoytrabajando.

Pues bien…

Esas dos etiquetas nacieron ese día.

Cuando la voz del universo llegó a mi cabeza preguntando qué pasaba, básicamente le expliqué que no entendía lo de tener que morirme sí o sí.

Y aunque yo esperaba que la conversación terminase super-pronto con el universo diciendo «tú haz lo que te dé la gana. Morirse no es obligatorio», resulta que se alargó bastante más porque al universo también le pareció extraña mi teoría de que la muerte quizá simplemente era un experimento sociopsicoló-gico.

Por lo visto, nadie que hubiese descifrado el universo les ha-bía planteado nunca esa opción, así que tanto la muerte como el universo parecían confusos.

Pero al menos sí noté que el universo estaba muchísimo más predispuesto que la muerte a escuchar mis propuestas sobre aquello de poder seguir viviendo eternamente.

Sobre todo porque os juro que yo estaba convencido de que esa opción era viable.

Muy muy convencido.

Tanto que, para ser sinceros, todavía no la he descartado.

Lo primero que sucede cuando te vuelves loco es que pasas a vivir en un plano distinto al de la mayoría y por tanto empiezas a tener tu propio universo con tus propias reglas.

Por ejemplo: mientras unos viven en un plano donde los espejos simplemente son espejos, tú vives en un plano donde los espejos —además de reflejarte— también se convierten en portales que sirven de conexión entre dos mundos distintos.

Mientras para unos el sonido que produce una cucharilla chocando con la taza cuando remueves el azúcar del café simplemente es el sonido que produce una cucharilla chocando con la taza cuando remueves el azúcar del café, para ti el sonido que produce una cucharilla chocando con la taza cuando remueves el azúcar del café es la confirmación de que el pensamiento o la acción que estás haciendo justo en ese momento es la correcta.

Mientras unos al escuchar el crujido de un mueble piensan que lo que ha pasado es que ha cambiado la temperatura y el mueble ha crujido un poco, tú sabes que ese sonido te está dando una pista de si lo que acabas de hacer es o no acertado.

Y podría seguir dando ejemplos hasta que nos quedásemos dormidos, pero lo importante es que, en tu mundo, de repente, existen señales que en el de otra gente no, y, por tanto, estás viviendo en un mundo muy pero que muy distinto al de los otros.

En realidad esto es algo que realmente sucede aunque no te vuelvas loco.

A veces olvidamos que el mundo en el que estamos no es el mismo para todos.

El mundo en el que vives tú no se parece en nada al mundo en el que pueda estar viviendo un multibillonario.

Su mundo es otro.

Sus opciones son distintas.

Sus contactos están a otro nivel.

Sus recursos no se parecen en nada a los tuyos.

Su mente funciona diferente.

Tiene acceso a cosas que tú no.

Pero, si en lugar de compararte con un multibillonario, te comparas con personas que viven en un país tercermundista en el que ni siquiera tienen agua que no sea la de los charcos, te darás cuenta de que desde su punto de vista...

Tu mundo es otro.

Tus opciones son distintas.

Tus contactos están a otro nivel.

Tus recursos no se parecen en nada a los suyos.

Tu mente funciona diferente.

Tienes acceso a cosas que ellos no.

Así que lo único que hace el cerebro cuando las voces llegan es coger ciertas observaciones que suelen ser bastante obvias y las llevan a un nivel mucho más extremo.

Y en mi caso las utilizo para tratar de demostrarle al universo y a la muerte que, en realidad, cada uno podría crear su propio mundo si se lo propusiera y estuviera totalmente dispuesto a hacer lo que hiciera falta.

Y, por supuesto, yo lo estaba.

Aquel día yo estaba dispuesto a hacer lo que hiciera falta para que, en mi mundo, la muerte dejase de ser algo obligado y se convirtiera en optativo.

Pero, claro…, que morir fuese optativo abría un melón muchísimo más grande que el de qué pasaba si alguien no quería morir.

El melón que acabábamos de abrir era el de dónde se ponían los límites sobre lo que la gente podría o no desear una vez se dieran cuenta de que descifrar el universo les permitía hacer realidad todos sus sueños.

¿Qué pasaría si de repente alguien deseaba que un ser querido que había muerto hacía algún tiempo volviese a la vida de inmediato?

O algo más llamativo todavía.

Al fin y al cabo, la noticia de que un ser querido tuyo resucite es importante para ti y *pa* cuatro más, pero…

¿Qué pasaría si de repente alguien quisiera que John Lennon resucitara, por ejemplo?

O más importante todavía:

¿Qué pasa si alguien quiere que John Lennon siga muerto?

¿Se priorizan los sueños de unos pero los de otros no?

¿Por qué?

¿Hacemos que John Lennon resucite los días pares y vuelva al hoyo los impares?

De repente mi exigencia sobre no morir había convertido el hecho de haber conseguido descifrar las reglas internas del universo en una movida tan grande que incluso se habían incorporado nuevos espectadores al asunto.

Además de las voces a las que yo ya estaba acostumbrado, vinieron a ver la reunión entre la muerte, el universo y servidor personajes históricos que habían vivido hace años y personas que actualmente están vivas y que por supuesto no conozco, pero que mi cerebro —por algún motivo que todavía no he conseguido descifrar— decidió traer a mi cabeza para que pudieran ver cómo terminaba todo aquello.

Y me refiero a personajes tan desconcertantes como los Monty Python o James Franco.

De hecho, uno de mis mayores logros hoy en día es tener la sensación de que he hecho reír a todos los componentes de los Monty Python.

Vinieron tanto los que estaban vivos como los que estaban muertos, así que, a parte del privilegio de hacerles reír, también tengo el privilegio de haber vuelto a juntarlos independientemente de su estado vital.

No recuerdo cuál fue la frase exacta que les sacó la primera carcajada, pero sé que la segunda fue cuando, justo después de tener claro que les había arrancado una gran risa, le dije a la muerte:

—¿Acabo de hacer reír a los Monty Python? Ok. A lo mejor ahora sí quiero morir porque dudo que consiga algo más grande que hacer reír a estos pavos.

Y los Monty Python volvieron a estallar en carcajadas.

Lo más extraño es que ni siquiera soy tan fan de los Monty Python como para necesitar que estén presentes en momentos tan importantes como mi premuerte.

O quizá sí y por eso mi cerebro les llamó.

El caso es que, de repente, teníamos un problema porque todos estábamos de acuerdo en que, si descifrar el universo te permitía hacer realidad cualquier deseo, poner límites no era una opción, así que, después de un tira y afloja agotador en el que la muerte insistía en que mi propuesta no tenía ningún sentido y un universo muy muy agobiado no hacía más que preguntarme cómo hacía si de repente alguien pedía tal o cual cosa, encontré una opción que permitía empezar a sentar las bases para que cualquiera pudiera vivir en un mundo creado a su medida.

Y esa opción apareció gracias a la física cuántica y la teoría del gato de Schrödinger.

Id a por agua y frutos secos porque lo que viene ahora os podría joder la mente si lleváis rato sin comer proteína ni hidrataros.

Coged también un plátano por si me alargo más de lo previsto.

10

EL UNIVERSO DE SCHRÖDINGER

HACE UNOS AÑOS, mientras presentaba un programa llamado *Órbita Laika*, conocí a un tipo que, de forma coloquial y entre cerveza y cerveza, me dijo: «La física cuántica básicamente se reduce a que todas las opciones son posibles hasta que no las compruebas con tus propios ojos».

Y entonces me explicó lo del gato de Schrödinger ese que, por si alguien no sabe de qué estoy hablando, os resumo rapidito en cuatro líneas.

Imagina que metes a un gato en una caja con un trozo de veneno y cierras la caja.

Como hasta que abras la caja no tendrás ni idea de si el gato se ha comido o no ese trozo de veneno, hasta que no abras la caja y compruebes qué ha pasado con tus propios ojos, ese gato está vivo y muerto al mismo tiempo.

Así que, de repente, mi cerebro encontró una fórmula para poder crear universos personalizados partiendo de la base de que no tenemos ojos en la nuca. Por tanto, el mundo que se queda a nuestra espalda cuando vamos paseando no tiene por qué parecerse en nada al que acabamos de pasar porque, en cuanto lo dejamos atrás, no lo estamos viendo y puede estar pasando cualquier cosa, y viceversa.

Cualquiera que venga de frente paseando no tiene por qué ver el mundo que nosotros vemos que él tiene a su espalda porque, en realidad, él ya no lo está viendo y puede estar pasando cualquier cosa.

Os dejo aquí un dibujo para que se entienda mejor:

MUNDO QUE SOLO VE A   MUNDO QUE VEN LOS DOS   MUNDO QUE SOLO VE B

Al plantear esa primera piedra para diseñar el nuevo mundo, tanto la muerte como el universo estuvieron de acuerdo en que aquella opción no sonaba mal. Entonces pedí a una de las voces espectadoras que apuntara aquel primer punto, que a todos nos había parecido un posible primer paso, en un *post-it*. #post-it

Y así fue como la palabra *post-it* se convirtió en un término habitual de la subtrama *Salvar el mundo*.

Desde ese momento, en mi cabeza apareció una especie de personaje responsable de anotar en *post-its* todos los pensamientos que yo consideraba que eran importantes.

Aunque también teníamos creada la caja fuerte, los *post-its* eran para ideas más generales que estaban pendientes de desarrollar.

Así que, de pronto, tenía una voz a la que, cada vez que me llegaba una idea interesante, solo tenía que pedirle mentalmente «post-it», y ella se encargaba de anotarla y pegarla en una especie de corcho gigante para recuperarla más tarde y trabajar en ella a fondo.

De hecho, ahora que tenéis la información, la frase exacta que le dije a la muerte después de haber hecho reír a los Monty Python fue:

—¿Acabo de hacer reír a los Monty Python? Ok. A lo mejor ahora sí quiero morir porque dudo que consiga algo más grande que hacer reír a estos pavos. *Post-it.*

Y por eso ellos volvieron a reír.

Si pudiéramos echar un ojo al corcho que debió crear mi mente, es probable que acabásemos llorando de la risa porque cualquier mierda que pasaba por mi cabeza y me parecía que era importante, yo, sin dejar de hacer lo que estuviera haciendo, pensaba «post-it», y la voz la ponía en un *post-it* en el corcho.

En aquel muro podríamos encontrar *post-it* con ideas que irían desde cómo erradicar el hambre en el mundo hasta crear pinzas que servían no solo para poder tender la ropa, sino también para secarla porque la propia pinza desprendería calor independientemente del tiempo que estuviera haciendo.

En fin…

El caso es que el término *post-it* no se quedó solo en mi mente.

También empecé a utilizarlo en mis redes sociales para tener localizadas de un solo vistazo todas aquellas publicaciones que tenían una intención mucho más profunda que el habitual «¡Ey! Mirad qué cosa tan curiosa he visto; dadme vuestros *likes*».

Así que si alguna vez te cruzaste con una publicación mía que incluyera el *hashtag* #post-it, en realidad estabas leyendo los tuits de una persona con un brote psicótico en plena ebullición.

Y el *hashtag* #nohagaisruidoqueestoytrabajando surgió porque, como en mi cabeza las redes sociales formaban parte del cuadro de mandos de la nave y cada vez que posteaba algo existía la posibilidad de que alguien comentara, descubrí que incluir la frase «no hagáis ruido que estoy trabajando», por increíble que parezca, generaba silencio y calma en mi cerebro. Además, de paso, con aquella etiqueta le decía a la gente que aquello que acababa de compartir no era simplemente por jiji jaja.

Así que la mayor parte de veces incluía #post-it y #nohagaisruidoqueestoytrabajando juntos en las publicaciones para que la gente supiera que aquello era importante y no una broma. De ese modo ellos entendían que no debían comentar nada para no hacer ruido y yo podía seguir con lo que estuviera haciendo sin que nada me despistara.

Pero, aunque gracias al universo de Schrödinger habíamos encontrado una primera piedra sobre la que empezar a construir las nuevas reglas de ese mundo sin límite en lo de pedir deseos, seguir diseñándolo no fue nada fácil.

Porque aquella idea de aprovechar lo de no tener ojos reales en la nuca servía única y exclusivamente para personas que se mirasen de frente y, por suerte o por desgracia, las personas no nos relacionamos siempre de frente.

A veces dos personas distintas con sueños distintos caminan por la misma calle en la misma dirección mirando las mismas cosas, así que…

¿Qué pasaba con esa gente?

¿Cómo hacíamos que la gente que tiene sueños distintos pero se mueve en la misma dirección pudiera vivir cada uno en su mundo?

¿Qué pasa si alguien odia ciertas cosas que otros aman?

Por suerte también tuve respuesta para eso:

Simplemente teníamos que ajustar a cada ser humano a una frecuencia y eso, por descontado, era posible porque teníamos la posibilidad justo delante de nuestros morros.

¿Recordáis que en mi cabeza había una trama en la que existían miles de yoes viviendo las vidas relacionadas con todas y cada una de las decisiones que yo no había tomado?

Nos acordamos, ¿verdad?

¿Beber agua o no beber?

He ahí la cuestión.

¿Ser quien se levanta del sofá y pierde así la atención puesta en la serie que está viendo o quien opone resistencia a los deseos de tanta sed y sigue viendo este capítulo afrontando la paulatina deshidratación de su interior?

El caso es que, gracias a esa trama, apareció la opción de evolucionar como seres humanos creando un plano nuevo en el que cualquier regla conocida podía ser cambiada con la mente si te esforzabas y enfocabas suficiente.

Y esa opción le pareció bien y coherente tanto a la muerte como al universo porque simplemente significaba crear una nueva dimensión con nuevas reglas.

De repente, los tres estábamos de acuerdo en que podía existir un nuevo plano donde los seres humanos hubiésemos evolucionado hasta el punto de que cada uno se ajustara a una frecuencia en la que todos sus deseos se hicieran realidad con tan solo desearlo.

Encontrar la posibilidad de crear una nueva dimensión fue emocionante para todos.

Incluso las voces se entusiasmaron con la idea porque, de alguna manera, era algo importante para todos.

Acabábamos de descubrir la fórmula para que cualquier ser humano pudiera crear un universo a su medida sin dar por culo a los demás.

En tu frecuencia estaría vivo John Lennon y en la frecuencia del tipo que lo odia no estaría, y así podríais tomar un café juntos sabiendo que si John pasa por la zona él no le vería, pero tú sí.

Imagina tener la opción de crear un mundo a tu medida.

Un mundo en el que solo tendrás que compartir la vida con quien quieras, el tiempo que quieras, rodeado de las cosas que tú quieras, dedicando el tiempo a quienes quieras como quieras cuando quieras, cruzándote solo con temas que te gusten y sabiendo que jamás pasará nada que te haga sentir mínimamente infeliz.

De repente la muerte, el universo y yo habíamos abierto una puerta mucho más increíble que descifrar el universo.

Habíamos abierto la puerta a crear un universo nuevo desde cero y personalizado para que nadie tuviera que renunciar a nada.

Todos estábamos eufóricos.

El único problema es que para poder cambiar de plano tenía que morir en este mundo y eso significaba, muy posiblemente, bastante caos para los míos…, pero solo en este mundo.

En el otro nadie sabría lo que había pasado.

Resumiendo: en el mundo A, mi chica llegaría de hacer sus cosas y me encontraría muerto en el jardín, pero en el mundo B, mi chica llegaría de hacer sus cosas y me encontraría vivo en el jardín con la única diferencia de que yo tendría poderes mágicos que, por supuesto, no podría contarle porque una de las reglas era que cada persona tendría que descubrir que podía tener poderes a su ritmo para ir creando su universo personalizado a su manera.

Así que después de poner en una balanza los pros y los contras de cambiar de mundo dejando bastante caos en este, acepté morir y fui directo a la zona de la casa donde mi intuición me dijo que encontrar mi cuerpo muerto sería menos violento: una hamaca suspendida entre dos tablas de madera.

Si me preguntas ahora mismo, la verdad es que no tengo muy claro que la opción de encontrar el cadáver de alguien a quien quieres en mitad del jardín a pleno sol balanceándose en una hamaca sea una opción mucho más guay que encontrárselo en el suelo del salón, pero en aquel momento a mi cabeza le pareció que el plan de la hamaca era ideal y me fui para allí.

A pesar de la euforia por estar a punto de crear un nuevo mundo, llegar hasta la hamaca no fue fácil.

Lo hice mientras todas las voces insistían en preguntar si estaba seguro de querer hacer aquello y, de repente, mientras algunas intentaban convencerme de que quizá intentar aquello no era del todo buena idea, empezaron a llegar las voces de mi gente más cercana despidiéndose de mí.

No exagero cuando digo que incluso recordar aquel momento hoy me crea un nudo en el estómago.

Hay algo extremadamente duro en escuchar a los tuyos decirte lo mucho que te quieren y que te echarán de menos mientras vas hacia tu muerte.

Lo único que hacía todo aquello un poco llevadero era que la parte que se dedica a hacer humor en mi cabeza estuvo activa todo el tiempo y trataba de lanzar alguna broma cada vez que necesitaba arrodillarme para coger algo de aire y seguir andando, porque las ganas de llorar se hacían tan fuertes que generaban un dolor que me atravesaba desde el pecho hasta la espalda.

Cuando conseguí llegar a la hamaca, me tumbé y de repente ya no pude más y me rompí del todo. Porque, aunque cuando despertara todo iba a seguir igual, sabía que en este plano había personas que ya no volverían a verme nunca más y, de alguna manera, dentro de mi estómago, empecé a notar todo su dolor.

Pero en ese momento, la parte responsable de hacer bromas en mi coco me hizo el mejor pase para broma que se me podría hacer en un momento como ese:

—¿Te imaginas que esta mierda sale mal?

A lo que yo respondí:

—Tiene que salir bien. *Post-it*.

Y entonces, sin dejar de llorar como un crío al que le han roto su juguete favorito, estallamos todos en una carcajada y el viaje hacia la muerte empezó sin avisar.

Todavía puedo notar la velocidad a la que el cuerpo creía que estábamos viajando.

Era como si la hamaca estuviese metida dentro de un tornado de esos que solo has visto en las películas y que son capaces de arrancar casas y levantar vacas y todoterrenos por el aire.

Lo poco que podía ver a través de unos ojos entreabiertos, incapaces de abrirse del todo por la cantidad de lágrimas que salían con tanta fuerza que hacían daño, era mucha luz yendo a gran velocidad.

La sensación de velocidad era tan real que, cuando pienso en aquel día, incluso mis nudillos se calientan recordando la fuerza que hicieron mis manos para sujetarnos a la tela de la hamaca sobre la que estaba tumbado para no precipitarnos al vacío.

Y por si no fuera suficiente todo aquello, las voces empezaron a tratar de destacar unas por encima de las otras y el volumen subía cada vez más mientras gritaban cosas del tipo: **«sujétate fuerte»**, **«intenta no caerte»**, **«queda poco»**, **«ya llegamos»**...

Recuerdo perfectamente todas y cada una de las voces que estuvieron junto a mí en aquel viaje.

Recuerdo perfectamente lo mucho que lloré cuando pregunté por qué no podía escuchar a Eva y me dijeron que estaba sujetando desde abajo para evitar que cayera.

Recuerdo el ruido, la velocidad a la que viajé, la luz, el calor que sentía por todo el cuerpo, el caos y, por supuesto, recuerdo la calma que apareció cuando por fin cambié de mundo.

Fue como si algo succionara hasta la última partícula de aire de mi cuerpo y, de repente, las voces se callaron.

De pronto, todo era silencio, nada se movía. Las lágrimas cesaron, poco a poco fui fiándome de aflojar los puños porque ya estaba seguro de que no me iba a caer, y aunque los ojos me dolían como si me hubieran estado echando agua con la presión de una manguera policial con la que disuelven manifestaciones, los fui abriendo muy despacio y, gracias a que por primera vez en mucho tiempo hubo silencio total en mi cabeza y estaba agotado físicamente, fui consciente de lo que estaba pasándome realmente...

Me había vuelto completamente loco.

Es broma.

Fui consciente de que el cambio de plano había ido bien y ahora estaba en un mundo en el que no existía la muerte y cualquier cosa que quisieras podía hacerse realidad si te concentrabas.

Y enseguida las voces volvieron otra vez gritando cosas como:

—¡Lo hemos conseguido! ¡Enhorabuena!

Escuché en mi cabeza los aplausos de los que estaban controlando nuestra nave desde aquel otro planeta.

Una nube blanca que en aquel momento había en el cielo se cruzó con mi mirada y confirmó que el viaje al otro plano había ido bien.

Como era primavera, una mariposa blanca cruzó tranquila por delante de mis ojos.

Los ganchos a los que estaba atada la hamaca hicieron un sonido agudo cuando me bajé despacio y obviamente mi cerebro dijo:

—¡Traed más vasos!

Así que ahora que ya sabía que lo de morir simplemente es una cosa por la que tenemos que pasar para elegir el plano al que queremos ir, tuve claro que mi siguiente plan sería usar mis poderes mentales para salvar el mundo.

¡Ah! Y, por supuesto, aprovechando que todavía estaba solo en casa, di un par de saltitos para ver si podía volar, pero al ver que no podía, una voz en mi cerebro dijo:

—Tranquilo. Podrás. Pero primero tienes que practicar bien con el resto de los poderes, porque volar es más difícil.

Y yo, por suerte, la creí.

11

VOLAR

LO PELIGROSO DE LA LOCURA es que no se pone un límite.

Una vez consigue establecer el campamento base en tu cabeza, simplemente se dedica a trabajar en conquistar cada rincón y construir cada vez muros más altos y más fuertes.

Algo que en el fondo es fascinante.

Estoy seguro de que si pudiéramos verla trabajar sería igual de hipnótico que ver a Miguel Ángel sacando a David de aquella roca gigantesca, ahora que sabes lo que está queriendo hacer, claro.

Lo digo porque imagino que ver trabajar a Miguel Ángel sin saber qué pretendía debía ser una mierda aburridísima, ya que, al fin y al cabo, no era más que un pavo dando martillazos a un bloque de mármol.

Pero a lo que me refiero es a que, cada paso que la locura da en tu mente, lo hace después de haber convencido de forma milimétrica al cerebro de que no dar ese paso más es completamente absurdo.

El mecanismo interno de la locura es de una complejidad extrema.

Y eso es lo verdaderamente peligroso.

Nunca sabes si ese mecanismo estará yendo en dirección a que en algún momento pueda hacerte daño o hacer que lo hagas tú.

Por eso, cada vez que leo a personas escribiendo sobre lo importante que es cuidar tu salud mental no puedo evitar pensar que, aunque eso obviamente es fundamental, lo que de verdad importa es cuidar tu salud mental... y la de los demás.

Uno puede cuidar su propia salud mental hasta cierto punto, pero lo que realmente debemos hacer —y hacemos poco— es preocuparnos y cuidarnos mutuamente. Cuando alguien se vuelve loco no es por decisión propia y será extremadamente difícil que, de repente, una mañana abra los ojos y diga: «Hostia. Sospecho que me he vuelto loco. Voy a ver cómo reculo».

Está claro que hay personas más fuertes que otras y que pueden proteger su salud mental de forma impecable, y también está claro que hay una serie de hábitos que te protegerán mucho más que otros. Pero nos toca entender pronto que también hay gente que es muchísimo más débil y que nuestras cabezas empiezan a recibir información y estímulos desde que nacemos.

Y aunque mucha gente cree que la cabeza simplemente te hace crec tal o cual día, os puedo asegurar que ese día que suena el crec, en realidad, solo es el día en que la gota que debía colmar el vaso cae en el vaso.

Una de las preguntas que más me ha hecho la gente que conoce esta historia es: «¿Pero cuándo empezó todo? ¿En qué momento te volviste loco?».

Dejadme que insista: no creo que haya un día en que el cerebro pase de estar bien a estar radicalmente mal.

Sospecho que sencillamente hay un día en el que, como decíamos hace solo unas líneas, cae la gota que hace que el vasito que se va llenando de locura se desborde.

Creo que si viviéramos eternamente, todos acabaríamos volviéndonos locos algún día.

Es imposible saber cuándo empieza a llenarse ese vaso de locura en tu cerebro.

Si revisas tu vida, seguramente encontrarás cientos de momentos que no ayudaron a que tu vaso de locura estuviera impecable y vacío del todo.

A poco que hayas tenido una vida más o menos normal, seguro que hay momentos en los que te han avergonzado, humillado, estresado, ofendido, despreciado, mentido, agredido, traicionado…

Y, por muy fuerte que seas, o por mucho que asegures que esas cosas no te afectan, estoy convencidísimo de que parte de esos momentos se convierten en gotitas que van cayendo una tras otra dentro de ese vaso.

Y sospecho que, por muy grande que pueda ser el vaso, si viviéramos eternamente, tarde o temprano caería una gota en él que lo haría desbordar todo.

El problema es que la locura consigue camuflarse con tus rutinas como un camaleón lo hace en un tronco o una piedra, y es imposible distinguir si lo que te pasa es que eres raro, estás cansado o te estás volviendo loco hasta que, de repente, pasa algo que te lleva en un segundo a cruzar alguna línea que les llame a todos la atención.

Y justo ahí es donde está lo peligroso; en que hasta que no cruces la línea no sabrás si la intención de tu locura es hacerte o hacer daño de verdad.

Desde que me volví loco, cada vez que veo o leo historias de personas que sospecho pueden estar pasando por un momento delicado, no puedo evitar sentir una especial preocupación por cómo se comportarán las personas de su entorno.

Cuando te vuelves loco, cualquier gesto o palabra que haga otra persona puede marcar la diferencia entre que la situación acabe bien o mal.

De la importancia de los otros fui consciente a los pocos meses de salir del hospital.

Después de una temporada larga limitando mis interacciones sociales a paseos por el campo con mi chica y nuestros perros, decidí acercarme al centro de Madrid.

Nada más salir del *parking*, en plena esquina de Gran Vía con Princesa y plaza España, vi varios coches de policía, camiones de bomberos y ambulancias.

Las calles cortadas, colchones gigantes de los que, por lo general, solo has visto en pelis cuando alguien amenaza con saltar de un edificio y gente mirando hacia arriba.

Levanté la mirada y entonces vi a un tipo sujetándose al pararrayos del edificio más alto de plaza España mirando al vacío.

Mientras tanto, uno de los camiones de bomberos intentaba acercar a un bombero con la plataforma esa con la que rescatan a la gente en las alturas para que intentase convencerle de que no saltara.

De repente, al ver a aquel hombre sujetado al pararrayos y mirando al vacío desde allí arriba, sentí ganas de llorar.

Todavía hoy las siento cuando pienso en aquel momento.

Mientras la mayoría de la gente que miraba desde abajo daba por sentado que aquel tipo era un borracho al que las cervezas y las drogas se le habían ido de las manos y sacaban sus móviles para hacer fotos y vídeos para, si le daba por saltar, llevar ese vídeo de recuerdo en sus bolsillos para siempre, yo sentí que —aunque por supuesto existía la posibilidad de que aquel tipo fuera exactamente eso, un borracho al que se le habían ido las cervezas y las drogas de las manos— también existía la posibilidad de que una voz le estuviera animando a saltar para cambiar de una maldita vez de plano.

Y al notar eso, mi cabeza hizo algo raro.

Rebuscó desesperadamente algún resto de locura para localizarla y traer de vuelta a aquellas voces que hasta hacía tan poco tiempo habían vivido en mi cabeza. Así, si de verdad había habido algo de cierto en aquella telepatía que había usado para hablar con los demás mientras estuve loco y para felicitarle a mi madre el cumpleaños sin tener que llamarla por teléfono —más adelante os contaré todas estas historias—, pediría que volviera a activarse y llegara hasta la mente de aquel tipo para suplicarle que no saltara.

Afortunadamente, el tipo no saltó.

Si no saltó porque se arrepintió, porque se lo dijeron sus voces, porque el bombero acertó con todas y cada una de las palabras que le dijo o porque mis voces y las suyas consiguieron encontrarse en otro plano y charlaron en secreto es algo que solo sabe él.

Pero ese día descubrí dos cosas nuevas.

La primera, que mi empatía con los demás se había multiplicado por millones.

Especialmente, si tengo la impresión de que está pasando algo muy raro en la cabeza de alguien.

Ahora, cada vez que me cruzo con una persona que va haciendo aspavientos mientras habla con la nada o de repente para en seco y actúa de forma tan extraña que a cualquiera que esté cerca le da miedo, no puedo evitar sentir ganas de acercarme a preguntarle si está bien y escucharle atentamente.

De hecho, me llama la atención lo poco que le llama la atención a la mayor parte del mundo el lugar al que viajamos cuando nos volvemos locos.

Y la segunda cosa que descubrí aquella tarde, y que realmente sirvió para darme cuenta de que haberme vuelto loco había cambiado ya mi vida para siempre, fue que mi cerebro, al ver al tipo aquel subido a lo más alto de un edificio en plaza España pensando en si saltar o no, lo primero que hizo fue ir cagando leches a buscar a aquellas voces que durante tanto tiempo había tenido en mi cabeza con la esperanza de que hubiese algo de cierto en todo lo que acababa de pasarme meses antes, solo por si alguna podía llegar hasta el cerebro de aquel tipo y tratar de convencerle de que saltar era un mal plan.

Es decir...

Mi cerebro me acababa de dejar muy pero que muy clarito que se había quedado para siempre en modo Christopher Nolan en *Origen*, y el tótem de mi locura giraba en la mesa del salón en plan: «¿Seguro que no había nada de real en todo aquello que vivimos?».

Por suerte, mi locura no decidió llevarme nunca a ningún sitio donde estuviera en juego mi vida o la de otros.

El único momento en el que sí tuvieron miedo de que pudiera hacerme daño fue estando ya en el hospital, pero os aseguro que simplemente se malinterpretaron mis frases y mis gestos.

Pero claro...

Cuando estás loco, encontrar un tornillo con la punta afilada y, en lugar de entregarlo amablemente al enfermero mientras dices: «Me he encontrado esto», querer quedártelo cueste lo que cueste mientras gritas: «¡Dejad que me lo quede! ¡Os juro que no me cortaré las venas!», entiendo que no es precisamente la escena más tranquilizadora del mundo. Eso hizo que acabaran sujetándome entre cinco para poder abrirme el puño mientras me pinchaban un tranquilizante y me ataban a la cama por si acaso.

Que nadie imagine una escena abusiva por parte de los enfermeros.

Recuerdo que se portaron conmigo y con todos los que estábamos ingresados por allí en aquel entonces de forma excepcional.

Si hicieron falta cinco personas —al menos, ese es el número que yo recuerdo— fue porque, cuando te vuelves loco, sospecho que tu fuerza se multiplica por bastante y abrirme la mano para conseguir sacar aquel tornillo mientras no dejaba de gritar que no era para suicidarme juraría que no fue fácil.

Y si estoy casi seguro de que jamás me habría hecho daño a mí mismo con aquel tornillo es porque estaba convencido de que ese tornillo, en realidad, me serviría más adelante para abrir algún candado. Y creía esto porque la trama que mi cerebro había creado para justificar el hecho de encontrarme de repente en un hospital era que en realidad aquello no era un hospital, sino una habitación de escape.

Las habitaciones de escape son algo que se puso de moda hace unos años.

Consiste en que tú vas a un sitio con un grupo de amigos, un tipo os cuenta una historia que generalmente termina con que tienes una hora para desactivar algo o moriréis todos, y os mete en una habitación decorada acorde con la movida que te acaba de contar y tenéis que localizar las pistas que os permitirán abrir candados que os darán nuevas pistas que os permitirán salir de allí antes de que todo explote.

Pues parece ser que como por aquel entonces yo estaba enganchado a las habitaciones de escape, mi cerebro decidió que aquel hospital era en realidad una *escape room* con una producción un poco más sofisticada de lo habitual.

Es increíble que ni siquiera ser ingresado por sorpresa en un hospital te abra los ojos por completo.

Ser ingresado simplemente se convierte en una parte más del juego.

De hecho, nada más ver de refilón la habitación que se convertiría en mi casa durante un par de semanas, vi que una de las ventanas estaba entreabierta y pensé: «Pues vaya puta mierda. Sí que va a ser fácil escapar de este hospital».

Lo que pasa es que cuando finalmente me acompañaron para que me instalara, la ventana ya estaba cerrada y, además, no tenía manilla para abrirla.

Algo que es bastante inteligente cuando uno de los puntos importantes es lo de evitar que la gente se te escape.

El problema fue que, como mi cabeza estaba convencida de que yo tenía una hora para intentar salir de allí, en cuanto me dejaron solo, me puse a revisar hasta el último rincón y localicé algo que ahora mismo no recuerdo, pero que me permitió desenroscar con mis dedos un tornillo.

Así que, cuando me vieron —imagino que por cámaras— desenroscando un tornillo, supongo que pensaron que estaba tramando algo terrible y vinieron cagando leches a evitar que me hiciera daño. En cuanto se abrió la puerta, mi reacción fue esconder el tornillo mientras gritaba mi gran frase:

—¡Dejad que me lo quede! ¡Os juro que no me cortaré las venas!

Y así fue como minutos después de ingresar en el hospital acabé atado a la cama.

Y aunque tardé pocos segundos en quedarme dormido, creo que no fue hasta la siguiente vez que abrí los ojos cuando me di cuenta de que realmente algo estaba yendo mal porque las voces ya no estaban.

12

ADIÓS A LAS VOCES

NO EXISTE UN EVENTO de despedida de las voces.

Simplemente desaparecen sin decirte adiós.

No he sido consciente de esa sensación hasta sentarme a escribir este libro, pero ahora me doy cuenta de lo extraño que debió ser ese momento en que, al abrir los ojos, buscas unas voces que han estado veinticuatro horas contigo durante mucho tiempo y de repente ya no están.

Pero que las voces se hayan ido no significa ni de lejos que estés bien porque, por mucho que busques y rebusques entre los escombros del cerebro alguna voz que te diga **«sigo aquí»** sin que consigas encontrarla, tú seguirás viendo señales de que existe algo especial que nadie más ha descubierto todavía en mil sitios distintos.

A pesar del cansancio y la carga de medicación que puedas llevar encima, la locura se resiste a abandonarte y sigue intentando que cualquier palabra de cualquier revista que se cruce en tu camino tenga algún significado más allá del que pueda parecer a simple vista.

Te esforzarás a muerte por seguir viendo señales.

Creedme cuando os digo que la locura tiene vida propia.

Recuerdo que me trajeron tres o cuatro revistas que decidí leer y releer constantemente en busca de señales que me confirmaran que la parte de que había encajado el universo era real.

Un artículo sobre relojes se convirtió en algo fascinante para mí.

Estaba convencido de que, si conseguía leer entre líneas, detrás de aquel artículo había grandes secretos que, por mucho que intentaran devolverme a un mundo plano y aburrido, en cuanto volviera a pisar la calle me permitirían recordar que, en realidad, hay mucho más de lo que vemos.

¿Os cuento otro secreto?

Admiro profundamente la capacidad de lucha que tiene la locura.

Nunca he sentido una emoción tan luchadora y pura como la locura.

Es como ese personaje de una película de guerra que jamás se rinde, aunque todo indique que la batalla está ya más que perdida.

Pero, poco a poco, el cansancio vence a la locura y hay un día en el que ya no puede más. De repente, las revistas son revistas, los ruidos son ruidos, los colores son colores y tú lo único que quieres es tomarte la pastilla que te toque, mear en el bote que te digan para escuchar que tus niveles en la orina están ok, presumir de que el color y la textura de tus heces son perfectas y que algún médico se acerque y te diga que ya te puedes ir porque estás bien.

El único problema es que cuando te dicen que ya te puedes ir porque estás bien..., no estás bien.

Estás más triste y solo de lo que has estado nunca.

Pero, claro..., tú eso no lo dices.

Tú sonríes y mientes confirmando que estás bien con una única esperanza; que nada más salir del hospital las voces vuelvan lanzándote confeti y gritándote: «¡Sorpresa!».

Pero las voces no vuelven.

Y la sensación es jodidamente triste.

Hay un antes y un después de pasar por algo así en absolutamente todos los sentidos.

Así que, si estás pasando por algo parecido a lo que yo pasé, vuelve a coger el subrayador y subraya todo esto:

Si te notas más triste que nunca, es normal.

Si te sientes extremadamente solo aunque tengas gente cerca, es normal.

Si no sabes quién eres, es normal.

Si notas que quieres mucho menos a la gente, es normal.

Si a veces te dan ganas de mandarlos a todos a la mierda, es normal.

Si a veces quieres pasarte todo el día escondido a oscuras dentro de un armario, es normal.

Y si crees que todo ha terminado y ya no hay ningún futuro para ti, es normal.

Pero también es importante que recuerdes que al pensar que todo ha terminado y no hay futuro para ti estás muy pero que muy equivocado.

Recuerda que estoy escribiendo esto para demostrarte que pasar por algo así te regala una ventaja fascinante sobre otros.

Pero, de momento, ten muy claro que cualquier cosa que sientas, por extraña que te pueda parecer, es muy normal.

Todo lo que sientes es normal.

Y, por supuesto, recuerda que no eres la primera ni la última persona que tiene que pasar por esto, así que no sientas vergüenza y choca esos cinco con los que ya lo hemos pasado o lo están pasando ahora porque somos muchos los que estamos por aquí dispuestos a intentar echarte un cable siempre que lo necesites.

¡Ah!

Y si llevas meses medicándote pero no notas mejoras es normal.

De hecho, habrá semanas en que notes que empeoras.

Eso también es lo normal.

La medicación que hay que tomar después de pasar por algo así es demoledora por una razón muy sencilla: tiene que mantener al cerebro en marchas bajas para asegurarse de que no se te pira la pinza una vez más.

El problema es que lo mantiene tan pero tan bajo que se instala en ti la sensación de que ya no valdrás para nada nunca más.

13

¿Y AHORA QUÉ?

PARA NO PERDER EL TIEMPO escribiendo un capítulo acerca de la cantidad de inseguridades, miedos y vergüenzas que se instalan en tu cabeza después de pasar por algo así y evitar que mis palabras se confundan con una especie de capítulo basado en pobrecito yo, hacedme casito, iré directo al grano:

Pasar por algo así te hace sentir que de repente eres el ser más inservible del planeta.

Tu cabeza te repetirá constantemente que ya no vales para nada, tu cuerpo no será capaz de dar diez pasos sin cansarse, comer te costará la vida, lo de poder concentrarte en algo será parte del pasado, hablarás y pensarás a una velocidad que dará vergüenza ajena a las tortugas y no tendrás ganas de absolutamente nada que no sea quedarte dentro de la cama.

Resumiendo: te sentirás vacío y muerto por dentro, pero intentarás que no se note.

Spoiler 1:

Se nota.

Spoiler 2:

Va para largo.

Spoiler 3:

Remontas.

Spoiler 4:

Tendrás que esforzarte.

Mucho.

Tanto que a ratos te derrumbarás porque tú y yo sabemos que estarás usando todas tus fuerzas para remontar, aunque no se lo parezca a nadie.

Y esa es realmente la sensación más dura: la de sentir que, por mucho que te esfuerces, no remontas y que la gente crea que en realidad no te esfuerzas.

Por desgracia, los seres humanos no llevamos de forma visible un medidor que nos permita comprobar cuánto se está esforzando de verdad la otra persona.

Tener un medidor sería genial porque así, cuando alguien te dijera que se está esforzando al máximo, podrías echar un ojo al contador y responder: «Pues o bien me estás mintiendo o se te ha roto el aparato, porque ahora mismo marcas -5 en el tema de esforzarse».

Pero, de momento, no tenemos ese artilugio y no nos queda más remedio que creer o no creer a quien te dice que se está esforzando al máximo.

Por eso es especialmente doloroso cuando sabes que te estás esforzando todo lo que puedes por tratar de recuperarte cuanto antes, y las únicas palabras que recibes desde fuera son cosas del tipo: «Pues yo no veo que te estés esforzando».

Déjame que insista en algo que ya dije hace rato: jamás juzgues el esfuerzo que creas que puede estar haciendo alguien basándote solo en lo que ves físicamente.

Cuando se te rompe el coco, en lo único que piensas es en reconstruirlo cuanto antes y os aseguro que ese es un trabajo agotador y que, generalmente, solo puede hacerse a solas y en silencio.

En mi caso, tuve mucha suerte con la gente que estuvo a mi lado durante el proceso de recuperación.

Era como si todos supieran lo importante que era no meterme prisa y, al mismo tiempo, eran capaces de saber cuándo era imprescindible apretarme un poco más para salir a pasear aunque fueran solo cuatro pasos.

Y cuando digo cuatro pasos me refiero a cuatro pasos literalmente.

La medicación que estás tomando es tan salvaje que, después de cuatro pasos, te sientes como si acabaras de correr la maratón de Nueva York cargado con maletas llenas de ladrillos y cemento.

Así que, si de repente te toca pasar por algo así y tus fuerzas se limitan a tres pasos muy cortos alrededor de tu sofá…, no te cortes.

Tú levántate, da esos tres pasos por muy cortos que sean y celébralos.

Ya darás cuatro más largos mañana.

Y si eres la persona que está echando un cable a quien le está pasando esto, anímale a dar esos tres pasos…

Pero intenta sutilmente y con cariño que sean cuatro.

Insisto en que tuve mucha suerte con la gente que se quedó a mi alrededor.

Fueron pocos.

Muy muy pocos.

Pero si estuviste en ese grupo, gracias.

Muchas gracias.

Si lo que me pasó lo sabe muy poquita gente es porque por aquel entonces yo no trabajaba.

Estaba fuera de la televisión y mi trabajo se limitaba a algunas actuaciones que, por suerte, no hubo que cancelar porque mi ingreso coincidió con las vacaciones de verano y nadie tuvo que sentarse frente a nadie a soltarle lo de «Houston, tenemos un problema».

Sin embargo, sí tuve actuaciones mientras estuve loco.

De hecho, mi última actuación de temporada fue media semana antes del ingreso y la hice convencido de que la estaba haciendo —por fin— para los habitantes del planeta al que estábamos yendo desde hacía varias semanas.

¡Tachán!

Cuando pensabas que la chistera del tito Ángel se había quedado sin sorpresas, él mete la mano y te saca otro conejo.

Aquella actuación fue agotadora porque mi cabeza mezcló en ella varias tramas.

Por un lado, estaba convencido de que ya habíamos llegado a aquel nuevo planeta al que llevábamos varias semanas acercándonos. Además, lo había conseguido desde un plano en el que podías crear un universo a tu medida. Las risas que escuchaba cuando alguna broma funcionaba en realidad eran las mías porque la mayor parte del público eran los yoes que habían ido a verme actuar. En mi mente, el patio de butacas era idéntico al cartel de *Cómo ser John Malkovich*, pero todos con mi cara. Aprovechando que tenía que estar centrado en el *show*, los seres del otro lado del espejo habían decidido que aquella era la noche en que intentarían sacar partido de cualquier despiste para meterse en mi cabeza y apoderarse de mi vida.

Así que, para ser sinceros, no tengo ni idea de cómo conseguí llegar al final de la función sin desmayarme porque mi cabeza por dentro recordaba muchísimo a una olla de agua hirviendo.

De hecho, juraría que durante la actuación llegué a soltar la frase:

—Perdonad si me notáis un poco raro, pero ya sabéis que conseguir llegar aquí no ha sido fácil.

Algo que el público sospecho interpretó como una broma absurda sobre conseguir llegar a un escenario en mitad de la Gran Vía de Madrid, pero en realidad me refería a lo de estar por fin en un planeta nuevo donde ya no había necesidad de guardar ningún secreto.

Afortunadamente, esa fue mi última actuación antes del ingreso y nadie tuvo que cancelar nada.

El problema fue volver a actuar.

Salí del hospital completamente roto, sin fuerzas, sin memoria. Septiembre se acercaba, la opción de no volver a trabajar no era viable y yo no solo era incapaz de recordar el monólogo que llevaba haciendo más de un año, sino que no me veía capaz de volver con ese texto.

En aquel momento, tanto física como mentalmente, era un ser humano inservible por completo, sin capacidad de concentrarse en nada y con la sensación de estar relleno de electricidad por culpa del efecto secundario de una de las pastillas que tenía que tomar dos o tres veces al día.

Como no soy médico, no puedo explicarte con palabras técnicas lo que sucede cuando tienes que tomar medicamentos pensados para que tu coco se mantenga en perfil bajo y evitar que alguna voz se acerque a ti, pero te puedo explicar lo que notará tu cuerpo cuando combines antipsicóticos con antidepresivos: te sentirás como una olla exprés a todo gas que no puede usar el pito ese por el que sale el vapor y hace un ruidito para que la aparten ya del fuego.

Hay una escena en una película de acción, cuyo título ahora mismo no recuerdo, en la que un tipo le dice a otro una frase que define perfectamente cómo te sientes cuando estás medicándote por algo así.

Un tipo sale de una habitación y, de repente, hay otro fuera que ha estado esperándole para pegarle un tiro.

El tipo que ha salido de la habitación se queda quieto y el otro, sin dejar de apuntarle, le dice:

—Si das un paso adelante, estás muerto. Si das un paso atrás, estás muerto. Si te quedas quieto, estás muerto.

Pues te aseguro que cuando estás medicándote por algo así te sientes exactamente igual: si te quedas quieto, te pondrás nervioso por dentro. Si te intentas mover, te pondrás nervioso por dentro. Si te bloqueas porque no sabes qué hacer, te pondrás nervioso por dentro.

Así que, aunque por dentro era como estar completamente electrificado y no había ninguna posibilidad de evitar eso, mi única opción era volver a actuar y eso significaba escribir un texto nuevo.

Ponerme a trabajar, vamos.

Pero tenía problemas graves.

Muy graves.

El señor Gris estaba muy a tope en mi cabeza. Me sentía vacío y muerto por dentro y la función de la medicación era mantenerme así durante una temporada para estar seguros de que mi cerebro no intentaba volver a la euforia de semanas antes.

Y, por si queda alguna duda acerca de cómo me sentía en aquellas fechas, rebuscando en discos duros he localizado algo que escribí en agosto de 2017, un mes y poco después de salir del ingreso.

Hace unos meses me rompí por completo.

Supongo que el cerebro de vez en cuando nos la juega.

Supongo que de vez en cuando nos hace creer que somos más fuertes de lo que somos.

Supongo que a veces decide ocultarnos la verdad.

Nos oculta el dolor por algunas muertes, por algunas traiciones, por algunas pérdidas, por algunos errores...

Supongo que a veces el cerebro prefiere ocultarnos el verdadero dolor.

Hace poco leí en algún sitio que un brote psicótico es una especie de volcán que entra en erupción y arrasa con todo.

Perdí el contacto con la realidad.

Ahora a ratos estoy completamente perdido.

Esa es la puta verdad.

No sé lo que tengo.

A ratos ni siquiera sé quién soy.

No tengo ni la más puta idea de qué ha quedado del tipo que era.

Tengo ganas de reír a carcajadas y de llorar a moco tendido y no puedo hacer ninguna de las dos cosas.

Tenemos tendencia a callarnos las cosas por miedo a hacer daño.

Resumiendo: no sabía quién era ni dónde buscarme.

Y aunque todavía faltaba casi un año para darme cuenta de esto que voy a decirte ahora, no saber quién era se convirtió en la piedra angular de mi recuperación porque perder tu identidad te da la oportunidad de hacer algo grandioso:

CONSTRUIRLA DESDE CERO.

14

¿QUIÉN CARAJO SOY?

EL DÍA 4 DE JUNIO realmente fue la guinda del pastel de una semana que ya estaba siendo agotadora.

Basta con echar un vistazo a mi Facebook para darse cuenta de que, aunque ya llevaba unas semanas haciendo cosas raras, el día anterior mi locura se apoderó por completo del cerebro y por eso llegué al 4 en un estado que lo flipas.

> Pequeño inciso:
> Si eres un lector curiosete, te invito a que dejes el libro un momento y te metas en mi Facebook para comprobar que lo que te cuento es real. No hace falta que vayas bajando hasta 2017, Facebook permite buscar publicaciones por fecha.
> Si las imágenes que ves en el libro no son exactamente las mismas que colgué en su momento, es solo por una cuestión de derechos.
> Por cierto, los comentarios de la gente no tienen desperdicio.

El día 3 de junio a las 13:42 mi locura decidió publicar en Facebook este *post* junto al tráiler de la película *La liga de la justicia*:

A las 17:30 publiqué:

Ángel Martín Gómez
3 de junio de 2017

Y no olvidéis que tenemos esta otra película en camino, *Seven Sisters*.
Con Willem Dafoe y Glenn Close.
Hemos bajado el precio de las entradas y las palomitas 😊

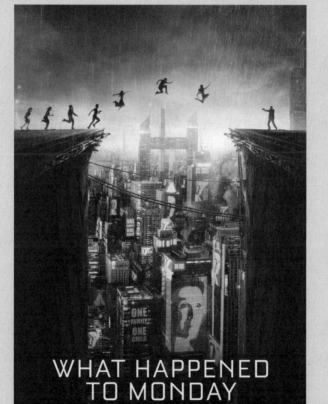

 Me gusta   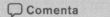 Comenta   Comparte

A las 18:49 decidí confirmar en Twitter que saldría un nuevo capítulo de *Friends* con Brad Pitt y Angelina Jolie.

A las 23:12 me sorprendió ver un vídeo en el que se ve a unos nanorrobots que la ciencia aseguraba que se podrían usar para luchar contra el cáncer o la infertilidad. Y me llamó bastante la atención porque:

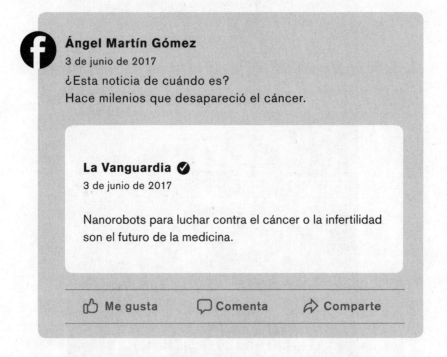

Y a la 1:52 de la mañana publiqué lo que hizo saltar todas las alarmas al día siguiente. Junto a la noticia de que *Wonder Woman* había batido récords de taquilla, felicité a mi chica por crear la película.

Y a las 15:21 de ese mismo día, me di cuenta de algo que faltaba para que el mundo que estaba creando fuese perfecto y decidí dejar por escrito la orden para que cualquiera que lo leyera no pudiera evitar obedecer:

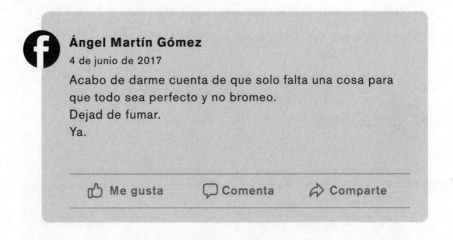

Ángel Martín Gómez
4 de junio de 2017
Acabo de darme cuenta de que solo falta una cosa para que todo sea perfecto y no bromeo.
Dejad de fumar.
Ya.

👍 Me gusta   💬 Comenta   ↪ Comparte

Como dos minutos después, a las 15:23, todavía no tenía la sensación de que se me estuviera haciendo caso, publiqué:

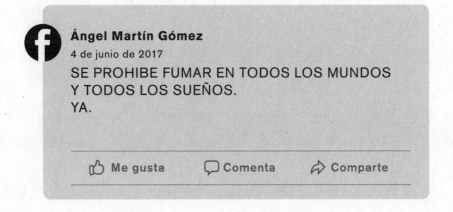

Ángel Martín Gómez
4 de junio de 2017
SE PROHIBE FUMAR EN TODOS LOS MUNDOS Y TODOS LOS SUEÑOS.
YA.

👍 Me gusta   💬 Comenta   ↪ Comparte

Usar mayúsculas me hace sospechar que vuestra desobediencia me tocó bastante las pelotas.

Y como a las 15:43 se seguía vendiendo tabaco, probé con una estrategia mucho más sofisticada.

Al tener varias redes sociales, pensé que a lo mejor la gente necesitaba recibir la información desde otro sitio y decidí publicar una imagen en Instagram donde se podía leer:

Y la compartí también en Facebook junto al texto:

Ángel Martín Gómez
4 de junio de 2017
Os comparto algo de lo que me acabo de enterar ahora mismo.
Ya.
Y si no me creéis salid a comprar tabaco ahora mismo.
A la mierda.

VENDER TABACO ES ILEGAL.

Nosotros.

👍 Me gusta   💬 Comenta   ↪ Comparte

Usaba ese «ya» porque, aunque una de las reglas era que no podía obligar a nadie, mi cerebro decidió que las cosas que eran objetivamente malas no tenía sentido permitirlas en mi mundo. Y decidí romper aquella norma de no imponer tus reglas en el mundo de los otros que la muerte, el universo y yo habíamos decidido respetar.

Pensé que, si gracias a la teoría de Schrödinger, podíamos crear nuevos universos, era evidente que podíamos diseñar también un cosmos en el que vender tabaco fuese ilegal de un minuto para el otro.

Y por supuesto, entre *post* y *post*, yo lo único que hacía era gritarle a mi chica que lo que estaba haciendo se llamaba *trabajar* cada vez que me preguntaba sobre qué mierda me estaba pasando con las redes y gritarles por teléfono a mis padres que teclearan en Google la palabra *amazonas* si de verdad querían entender lo que pasaba.

¿Amazonas?

Amazonas.

Como en la trama *Hijo de los dioses*, yo descendía de las divinidades, las amazonas existían y, en caso de necesitarlas, lo único que tenía que hacer era llamarlas y vendrían a rescatarme.

Así que lo único que intentaba que entendieran los demás al gritar «amazonas» en voz alta era que ya había descubierto el pastel de que, en realidad, era hijo de unos dioses y podían dejar de fingir conmigo de una vez.

Lo que no ayudaba mucho era que en aquellas fechas el Amazonas estaba siendo arrasado por culpa de unos incendios. Pero yo, lejos de interpretar aquellas llamas como una tragedia natural, estaba convencido de que aquel incendio —que, por supuesto, tenían bajo control las amazonas— era una señal que me enviaban para informarme que sabían que yo podría necesitarlas en cualquier momento. No me tenía que preocupar de nada en absoluto porque ya habíamos conectado telepáticamente y estaban listas para salir en mi ayuda en cuanto hiciera falta.

Pero mis padres, cada vez que gritaba: «¡Teclead en Google "amazonas"!» como indirecta para que entendieran que ya había descubierto que en realidad yo era el hijo de unos dioses, imagino que pensaban: «¿Pero este por qué está tan a tope con lo del Amazonas?».

Y aunque los *posts* que acabamos de leer puedan parecer incoherentes, cuando los leo puedo reconocer perfectamente en qué mundo estaba mi cabeza al escribirlos.

¿Jugamos a ver lo que hay detrás de todos ellos?

Vamos allá.

«FLIPAD CON EL TRÁILER DE LA NUEVA PELÍCULA DE EVA FG».

Una de las cosas de las que mi mente estaba convencida era de que en los proyectos cinematográficos no solo están involucradas las personas cuyos nombres aparecen en los títulos de crédito, sino que, al ser esta en la que vivimos la frecuencia más superficial en la que se mueve el ser humano, mucha gente todavía no sabe que hay una frecuencia superior en la que nuestras mentes ya han destapado la verdad y en la que existe un grupo de mentes y/o personas que son los verdaderos responsables de que las películas se hagan.

¿Cómo?

Imaginándolas.

Y por mucho que la película *Avatar* lo reviente en la taquilla y James Cameron se lleve mucha pasta, si el que imaginó la idea para *Avatar* en realidad no fue James Cameron, sino José de Cuenca desde una frecuencia muchísimo más alta que la nuestra en la que es el puto amo de inventar historias —aunque José de Cuenca todavía no lo sepa porque aún ignora que hay millones de frecuencias, y en esta, a lo mejor, es reponedor de yogures en un supermercado—, el universo simplemente moverá los hilos que tenga que mover para que esa historia que José ha soñado en la frecuencia superior (sin él ni siquiera saberlo) llegue al cine. Así, cuando José de Cuenca descubra la verdad y descifre el universo, la voz que le dará la bienvenida en su cabeza le acompañará a una habitación donde se habrá estado guardando todo el oro que le corresponde por haber imaginado aquella historia y, por supuesto, muchas más que, aunque todavía no se hayan estrenado, están a puntito de salir.

Por eso estaba convencido de que mi chica era la persona que había hecho *Wonder Woman*.

Porque en mi mundo, el verdadero creador de algo no era el que lo convertía en algo material, sino el que lo soñaba. Y, por algún motivo que jamás descubriré, uno de los secretos que mi cerebro estaba convencido de que me había escondido Eva era que, en una frecuencia superior, se dedicaba a crear películas.

Por cierto…, en el caso de James Cameron no descartaría la opción de que haya descifrado el universo, esté viviendo en las dos frecuencias, *Avatar* sea suya en esta frecuencia y en aquella y se esté llevando pasta por imaginar la historia arriba y crearla abajo.

Si revisas algunas películas después de haberte vuelto loco, seguramente apostarás todos los dedos de una mano a que más de un escritor y un director han vivido cosas extremadamente parecidas a la mías.

Ojalá pueda sentarme algún día con Neil Gaiman, Christopher Nolan o Jim Carrey y preguntarles: «Vosotros también jugueteáis de vez en cuando por aquí, ¿verdad?».

Por cierto…, los mensajes que Chris Pratt me enviaba a través de la película *Passengers* no solo pasaban con Chris Pratt y porque sí.

Todas las películas que vi mientras estuve loco tenían mensajes ocultos para mí.

Imagino que con *Passengers* me pasaba algo especial porque la película va precisamente de dos tipos viajando en una nave camino a otro planeta.

Pero tenía relaciones extremadamente íntimas con todas las películas que vi en aquella etapa.

Si mientras estuve loco tuve la sensación de que las películas me intentaban decir cosas es porque durante aquella época yo era el editor de todas ellas y las veía desde el futuro para poder afinar la versión que debía llegar aquí a los cines.

Recuerdo una tarde mientras jugaba con Eva una partida al Intelecto. De fondo estaba puesta la película *El equipo A* y pensé que, en realidad, la estaba viendo para poder ir enviando al montador las correcciones de lo que me parecía que no estaba bien del todo.

Y otro día recuerdo que pensé que otra película la estábamos haciendo los actores y yo sobre la marcha. Ellos iban actuando y, mentalmente, yo les daba directrices explicando hacia dónde debían reconducir la trama para que la peli mejorase.

Y no solo editaba películas de cine.

A veces también me ponía a editar la vida porque había gente que podía ver lo que pasaba a través de mis ojos.

Una especie de *El show de Truman* en el que mis ojos se convertían en las cámaras que usaba para que la gente que ya vive en otro plano superior pudiera ver las cosas a través de mí, como si la vida fuera un *shooter*.

Un *shooter* es un videojuego de esos en los que ves las cosas en primera persona y vas pegando tiros.

He metido un término moderno para integrar a los más jóvenes. 😔

El día que más cansado terminé fue uno que fuimos a cenar a un tablao flamenco en Madrid. Pensé que mis ojos eran las cámaras gracias a las cuales la gente podría ver en otro plano el espectáculo y me pasé toda la noche editando el *show* sobre la marcha.

Cada parpadeo que hacían mis ojos era un corte que me permitía cambiar de plano, y estuve todo el tiempo intentando que los que estuvieran viendo aquello desde mi punto de vista pudieran disfrutar lo que estaba pasando en aquel tablao flamenco tanto o más que yo.

Aquella noche mi responsabilidad era conseguir que quienes no podían estar físicamente allí lo disfrutaran, pero sin que hiciera falta que salieran de sus casas.

Fue un trabajo agotador.

Estoy seguro de que aquella noche acabé más cansado que el propio bailaor.

Pero sigamos viajando por el interior de mi cabeza gracias a los *posts*.

«Y NO OLVIDÉIS QUE TENEMOS ESTA OTRA PELÍCULA EN CAMINO, *SEVEN SISTERS*. CON WILLEM DAFOE Y GLENN CLOSE. HEMOS BAJADO EL PRECIO DE LAS ENTRADAS Y LAS PALOMITAS».

Obviamente, cuando descubrí que existía el plano del que os acabo de hablar en el que con imaginar una película era suficiente para que el universo la hiciera realidad, una voz me acompañó al cuartito donde estaba todo el oro relacionado con los proyectos que un servidor había creado para que pudiera ver todos los proyectos que ya estaban estrenados y, por supuesto, los que estaban a puntito de salir. Así que, cada vez que me encontraba con el tráiler de alguna película que no hubiese visto antes, pensaba que formaba parte de los proyectos que había imaginado. Algunos me flipaban tanto que necesitaba compartirlos cuanto antes.

Y eso justo fue lo que pasó con *Seven Sisters*.

Como además la película trataba de siete hermanas interpretadas por la misma persona, mi cabeza dio por sentado que era algo que había creado hacía casi nada para empezar a explicarle sutilmente a todo el mundo que, aunque solo estén viviendo de forma consciente en este plano, tienen muchos gemelos viviendo al mismo tiempo en otros mundos.

Y la mención a que habíamos bajado el precio de las entradas y las palomitas es porque, por aquel entonces, estaba metido de lleno en la trama *Salvar el mundo*. En ella, una de las cosas que intentaba era la bajada radical del precio de absolutamente todo para que cualquier persona pudiera disfrutar de cualquier cosa sin miedo a no poder llegar a fin de mes.

Así que, si en junio de 2017 te pareció verme por el Toys "R" Us de Majadahonda llorando, no estás loco.

Solo estaba intentando bajar los precios de absolutamente todos los juguetes con la mente, y hubo un momento en que no pude más al darme cuenta de que iba a ser imposible por una razón muy sencilla: no había suficientes mentes deseando lo mismo y el pasillo no se quedaba vacío el tiempo necesario como para poder cambiar los precios sin que a nadie le extrañara.

Mi plan era el siguiente: cada vez que pasaba por un pasillo, miraba el precio del juguete, esperaba a que no hubiera nadie alrededor para evitar que mis deseos entraran en conflicto con los suyos y, cuando me quedaba solo, me esforzaba en fijar con mucha fuerza que los precios bajaran.

En cuanto estaba convencido de haberlo conseguido, cambiaba de pasillo para repetir ese proceso con cualquier otro juguete. Al rato, volvía a darme una vuelta por los pasillos en los que ya había estado trabajando para comprobar si el universo ya había corregido el precio, pero al comprobar que, obviamente, todavía seguía costando lo que costaba tres minutos antes, me ponía a llorar. No entendía por qué no había más gente deseando que los precios bajasen a una cantidad lo bastante razonable como para que cualquiera pudiera pillar para su hijo el juguete que quisiera sin que las empresas que los fabricaban tuvieran que cerrar.

Importante: no me paseé por el Toys "R" Us intentando que un peluche de cinco euros costara dos céntimos y un telescopio pasara a costar menos que las lentes que hacen falta para poder ver a través de él. A pesar de mi locura, nunca intenté bajar los precios hasta el punto de telescopios a dos euros.

Simplemente intenté ajustar los precios a unas cantidades razonables para que cualquiera que tuviera un hijo pudiera pillar un telescopio. De esa manera, el crío podría descubrir si le interesaban las estrellas tanto como para dedicarse a estudiarlas cuando creciera o simplemente era un capricho pasajero de los que se suelen tener cuando eres niño porque menganito tiene uno y las dos veces que menganito le ha dejado mirar a través de su telescopio, pues le ha gustado.

No cuento esto para que parezca que soy un ser humano bondadoso.

Lo cuento para que puedas entender que, a pesar de lo jodidamente loco que ya estaba, mi locura seguía manteniendo en mi cerebro cierto estatus de coherencia y nunca me propuso una idea del tipo «los niños merecen tener juguetes gratis». Imagino que era así para evitar llamar demasiado la atención sobre los últimos gramos de cordura que pudieran quedar en mi cabeza.

La trama relacionada con salvar el mundo se convirtió en algo agotador, pero creo que fue gracias a ella que mi entorno más cercano se dio cuenta de que pasaban cosas demasiado raras en mi coco.

Así que lo de palomitas y entradas más baratas formaba parte de haber desbloqueado el logro de crear mi propio mundo.

Después vinieron las publicaciones sobre el nuevo capítulo de *Friends* y la de los nanorrobots para tratar el cáncer.

«¿ESTA NOTICIA DE CUÁNDO ES? HACE MILENIOS
QUE DESAPARECIÓ EL CÁNCER».

A estas alturas no debería ser muy difícil entender el mundo en el que estaba mi cabeza justo cuando escribí que el cáncer había desaparecido ya hacía tiempo.

Horas después publiqué el famoso *post* de *Wonder Woman*.

Como durante ese rato recibí una llamada de mis padres preguntando si todo estaba bien y, mientras hablábamos, uno de ellos tosió y mencionó algo relacionado con el tabaco, decidí que ya estaba hasta el rabo de que la gente siguiera fumando, aun sabiendo que aquella mierda lo único que hacía era perjudicar a largo plazo sus pulmones. Entonces centré toda mi energía en erradicar el tabaco del planeta.

De ahí surgieron los *posts* «Acabo de darme cuenta de que solo falta una cosa para que todo sea perfecto y no bromeo. Dejad de fumar. Ya»; «SE PROHÍBE FUMAR EN TODOS LOS MUNDOS Y TODOS LOS SUEÑOS. YA» y «Vender tabaco es ilegal. Nosotros».

Mientras yo trataba de acabar con uno de los imperios más enormes del planeta, a mi chica y a mis padres les saltaron absolutamente todas las alarmas y activaron el dispositivo Intentemos que Ángel vaya al hospital.

Y lo consiguieron.

Justo en el momento clave.

Hasta un segundo antes de que me pusieran la inyección que me dejó KO en aquella habitación de hospital el 4 de junio de 2017, tenía clarísimo quién era.

De hecho, lo tenía tan claro que precisamente eso fue lo que hizo que me ingresaran.

El único motivo por el que consiguieron ingresarme fue porque estaba tan seguro de mí mismo que bajé la guardia.

Hasta ese momento, nunca le había mencionado nada a nadie en voz alta acerca de la cantidad de cosas que había descubierto sobre Matrix dentro de Matrix dentro de Matrix dentro de Matrix, y así hasta que te quedes dormido. Pero la sala donde aquellas enfermeras me hicieron un par de preguntas estaba tan llena de señales que mi cerebro había metido en el saco de Cosas de las que puedes fiarte, que me fie y lo solté todo.

Seguramente mi fallo estuvo en no mirar la suela de los zapatos de las enfermeras.

A lo mejor, si lo hubiese hecho, habría camuflado mi locura muchísimo mejor.

Siempre y cuando la suela de sus zapatos no hubiese sido blanca, claro.

Si hubiese sido blanca lo más seguro es que también habría hablado.

Y aunque antes de empezar a leer este libro esto que acabo de decir no hubiese tenido ningún sentido para ti, estoy seguro de que ahora mismo, si has prestado atención y tanto mi editora como yo hemos hecho bien nuestro trabajo, tú ya sabes que, cuando te vuelves loco, incluso los colores son señales de si vas por buen o mal camino e incluso te previenen de recompensas o problemas que están a puntito de llegar.

Esto es algo que, mientras estás en pleno brote, es muy cansado porque, a menos que seas daltónico o ciego, ya sabes la cantidad de colores con los que nuestros ojos se cruzan a lo largo del día. Basta con levantar un momento la mirada para darte cuenta de que tienes cientos de colores en los morros.

Imagina lo cansado que es saber que todos y cada uno de esos colores significan algo que te permitirá saber si lo que estás pensando ahora mismo va por buen camino.

Y, por supuesto, no esperes que la cosa quede reducida a blanco es bueno, negro es malo, verde ok, rojo peligro...

Ojalá fuese así de sencillo.

La cosa es muchísimo más complicada.

Te pondré un ejemplo: supongamos que estás pensando si seguir leyendo un rato más y, al levantar la vista en busca de un color que te dé la pista sobre qué debes hacer, te encuentras de frente con un ramo de flores de todos los colores en un jarrón también lleno de colores sobre un mueble lleno de colores colocado sobre un suelo que alguien hizo con baldosas de colores creadas con mosaicos de colores y en las que alguien ha esparcido tizas de colores después de pintar con colorines un kilo de sal.

¿Cómo sabrías si lo correcto es seguir o no leyendo?

Si tienes suerte, quizá escuches un sonido agudo al cruzarte con algún color y eso significará que ese que estás mirando es el color correcto.

Pero supongamos que lo único que existe en esa habitación sois tú y un montón de colorines.

¿Cómo sabrías si seguir leyendo o no?

Mientras estuve loco, sospecho que te habría argumentado esto de forma impecable. Si lo pienso en frío, seguramente la respuesta correcta sea que, cuando la locura se cansa de atar cabos tratando de encajar todas las señales que reciben tus sentidos, grita *¡stop!* y tú haces lo que estés pensando en ese momento, es decir, seguir leyendo o no.

A lo mejor la locura tiene ratos en los que funciona como el juego aquel del pillapilla en el que ibas corriendo como un loco tratando de esquivar al que pillaba flipándote en plan «soy el mejor corredor del mundo y puedo romperte la cadera con mis quiebros». Pero en cuanto te cansabas de correr decías *stop* y te quedabas quieto hasta que llegaba un compañero y te tocaba para poder seguir corriendo.

De hecho, generalmente te pillaban porque, en lugar de regular el ritmo y decir *stop* un poco antes para descansar y punto, apretabas algo más por hacerte un rato el chulo delante de tus compañeros y, cuando querías parar, ya no te quedaban fuerzas ni de abrir la boca. Entonces el contrario te pillaba.

La locura trata de apretarte al máximo para ver hasta dónde podéis llegar jugando juntos, pero, cuando ya no puede más, para a beber agua antes de seguir haciéndote sus cosas. Entonces te deja un momentito a solas y tú sigues jugando solo. En ese momento la cagas y, cuando ella vuelve, se da cuenta de que os están metiendo en un cuartito y llega gente muy dispuesta a ponerte una inyección.

Aunque, para ser sinceros, conseguir que ingresara no fue fácil.

Tuvieron que mentirme para que los acompañase a la planta donde ya me quedaría ingresado aquellos días.

Se podría decir que mi ingreso fue en tres fases.

La primera fase fue una charla en la que hablé con las enfermeras mientras me sacaban sangre y durante la que recibieron los análisis en los que simplemente detectaron que había un poco de droga, pero nada que llamase demasiado la atención.

Lo realmente llamativo había sido mi discurso mientras esperábamos los resultados.

Creo que lo que me hizo soltar absolutamente todo lo que pasaba por mi cabeza fue que estaba harto de que todo el mundo me tratase como si estuviera loco.

Irónico, ¿verdad?

Como yo ya estaba desatado tratando de arreglar el mundo cuanto más rápido mejor, cuando aquellas enfermeras preguntaron qué pasaba, me harté. Solté absolutamente todo lo que había descubierto hasta la fecha con la esperanza de que aquella confesión permitiera que la gente dejara de fingir y pudiéramos empezar a disfrutar y hablar abiertamente de las ventajas que nos daba haber desbloqueado la versión *premium* de estar vivo. Pero las enfermeras, en lugar de sacar confeti, tarta y vino, llamaron a seguridad para pasar rápidamente a la fase Intentemos que Ángel se quede ya en el hospital.

Se podría decir que esta fue la fase dos.

En cuanto terminé de soltar mi gran discurso en el que largué todas las perlas que has leído al principio sobre las diferentes señales y tramas y alguna más, como «en esa caja de guantes de látex blanco que tenéis sobre la mesa, leo *soft*, digo, suave. Lo veo blanco y me da tranquilidad, pero, como tiene una franja naranja, dudo. Puede salir por la ventana lo chungo», las enfermeras me pidieron muy amablemente que pasara a una habitación que había justo al lado mientras me ofrecían mi primer antipsicótico.

Entré en aquella habitación donde lo único que recuerdo es que había una camilla en la que a ratos me sentaba y en la que, para tratar de tenerme entretenido —en aquel momento me resultaba prácticamente imposible estarme quieto—, Eva, que, por supuesto, también vino al hospital, intentó que ocupara la cabeza viendo algún capítulo de *Friends* en el móvil.

Ver *Friends* me relajaba.

¿Sabéis por qué?

El cerebro había convertido *Friends* en una serie que parodiaba a tiempo real todas y cada una de las situaciones que estaban pasando en mi vida en aquel momento.

Ver *Friends* era como si hubiese habido alguien espiándome por un agujerito tomando notas y convirtiendo todas mis experiencias en algo que después parodiaba sutilmente en aquella serie, y a mí me hacía mucha gracia lo buenos que eran burlándose de mí.

Digamos que escuchaba cada línea de guion de *Friends* sabiendo que, en realidad, llevaba una indirecta dirigida a mí.

Pero aquel día ni siquiera ver *Friends* me relajaba.

Me inquietaba mucho el hecho de estar encerrado en una habitación esperando a no sabía muy bien qué.

No sé cuánto tiempo estuve esperando a que pasara algo, pero se me hizo eterno.

Y aunque tampoco sé muy bien qué esperaba que pasara, desde luego no era lo que realmente pasó.

La puerta se abrió y entró una enfermera más mayor empujando una silla de ruedas y pidiéndome que me sentara en ella.

Yo le dije que ni en broma, pero no me negué a acompañarla a no tenía ni idea dónde.

Simplemente me negué a sentarme en la silla.

Así que ella lo entendió, se marchó y al rato volvió… acompañada de dos tipos de seguridad.

Muy amablemente repitió aquello de:

—¿Vamos?

Y yo dije:

—Vamos.

Escribiendo esto me doy cuenta de que me negué a sentarme en aquella silla por un tema de ego.

Un ego que salió a ocupar el primer plano en cuanto crucé la puerta de la planta que sería mi casa durante unos once días.

Un ego que fue el protagonista de la fase tres que explicaré más adelante.

Que cambiaran la silla de ruedas por dos tipos de seguridad imagino que básicamente se debía a tener alguna opción de retenerme si, de repente, me daba por salir corriendo.

Aunque no creo que hubiera salido corriendo porque, aunque ellos no lo sabían, estaba convencido de que en aquel hospital estaba a salvo.

Me había llevado hasta allí el olor a café; los marcos de las ventanas de la sala donde me habían entrevistado eran de metal, y el metal impedía que la negatividad se instalara en aquel sitio…

Esto no lo había contado todavía, pero, mientras estuve loco, también los materiales tenían sus propias reglas.

Los únicos materiales que purificaban cualquier cosa e impedían que algo tóxico —tanto natural como sobrenatural— se quedara en ellos eran el cristal y el metal.

Por eso, mientras estuve loco, la mayor parte del tiempo trataba de beber agua de un termo metálico gris que había por casa.

Incluso beber agua era un ritual porque el agua podía estar intoxicada.

Generalmente llenaba el termo de agua, lo vaciaba por si alguien había puesto doble carga de toxinas en el agua para tratar de envenenarme y volvía a llenarlo sabiendo que, al ser metálico, no solo protegía el agua que había dentro, sino que impedía que los tóxicos o los espíritus lo atravesaran.

Así podía beber tranquilo.

Por eso, cuando vi que el marco de las ventanas de la sala donde me entrevistaron las enfermeras era de metal solté todos mis secretos. Entre eso y el olor a café, estaba claro que nada podía salir mal.

Por no hablar de que estaba convencido de que el hospital, en realidad, era una base espacial secreta controlada por el equipo de seres humanos que ya estaban en el otro planeta.

Algo que sabía porque no era la primera vez que estaba allí, sino la segunda.

¡Tachán!

Esta no te la esperabas, ¿eh?

El tito Ángel ha vuelto a meter la mano en la chistera y ha sacado otro conejo.

Mientras estuve loco fui dos veces al hospital.

Sé que antes te dije que odiaba los hospitales y los médicos.

Y es cierto.

Pero me he guardado una visita que hice por mi cuenta mientras estuve loco para este momento porque, ahora que ya tienes casi todas las herramientas para entender mejor cómo funciona un cerebro que ha pasado al modo loco, podrás disfrutar mucho mejor de la anécdota que estoy a punto de contarte.

EL HELIPUERTO

Antes del ingreso fui una vez al hospital, pero no entré.

Simplemente fui, planté mi coche en mitad de la H que utilizan los helicópteros para despegar y aterrizar en situaciones urgentes, y me tumbé encima del capó a esperar a que quienes estaban controlando nuestra *Mudanza cósmica* dejaran caer alguna otra señal —tipo el guante de astronauta— que me confirmase que estaba en lo cierto sobre que nos desplazábamos en una nave por el espacio.

Llegué hasta el helipuerto porque, de repente, me puse a seguir todas las señales que incluyeran algún detalle rojo, y resulta que la señal para que las ambulancias sepan hacia dónde deben ir en caso de tener que entregar o recoger a algún paciente tan urgente que ha necesitado que un helicóptero entre en juego es de color rojo y lleva escrita la frase:

«PUNTO DE APOYO EXTERIOR. FRENTE AL HELIPUERTO».

Así que siguiendo cosas rojas llegué hasta ese rincón, coloqué el coche en el centro, estuve un rato esperando a que lanzaran algo desde arriba y aborté mi plan cuando me pareció ver que había cámaras y, por tanto, no iban a poder lanzarme nada porque eso podría llamar mucho la atención de quienes no sabían que en realidad no estaban ya en la Tierra, sino en una nave que la recreaba de forma milimétrica.

Algo que ahora mismo me plantea una duda: ¿puede que mientras estás loco haya una parte del cerebro intentando que no te metas en jaleos más grandes de los que ya te estás metiendo?

¿Cabe la posibilidad de que exista una pequeña parte de tu cabeza luchando por poner algo de orden dentro del caos que debe ser estar ahí dentro?

¿Una especie de resistencia que intenta que no caigas por completo al otro lado?

Quizá, mientras estuve loco, quedó una zona intacta que pasaba todo el día intentando que no me metiese en líos más grandes, pero que tenía superclaro que la única forma de que escuchara los mensajes que tuvieran que decirme los que vivían en otro planeta y de que reaccionara a tiempo era convirtiendo los argumentos reales, como «hay cámaras y, si te ve seguridad, te caerá un puro de cojones», en argumentos mágicos.

Quizá, mientras estuve loco, hubo una parte del cerebro controlada por un par de neuronas que todavía no estaban mal y tenían entre ellas conversaciones de este tipo:

—Señor...

—¿Sí?

—Ángel está en mitad del helipuerto del hospital tumbado en el capó del coche mirando al cielo.

—¿Y eso?

—No lo sé. Algo le ha convencido de que tenía que seguir todas las señales de color rojo que viera y nos ha traído hasta aquí.

—¿Y qué está haciendo exactamente?

—Esperar a que los que están viviendo ya en otro planeta le tiren algo para llevárselo a casa y demostrar que está en lo cierto.

—Digámosle que hay cámaras conectadas a la garita de seguridad y, si le ven, le caerá multa, ¿no?

—Si le decimos que las cámaras están controladas por la seguridad del hospital y que, en cuanto le vean, vendrá alguien a meterle un puro, seguramente su cabeza irá a la trama *Hijo de los dioses* y nos dirá que él es un dios y que los dioses no pueden ser multados por los seres terrenales y blablablá...

—Ya.

—Recuerde que hace una semana nos quedamos tirados con el coche porque el muy gilipollas pensaba que la gasolina era placebo.

—Me acuerdo, me acuerdo. ¿Entonces qué hacemos?

—No sé. Digámosle que, como hay cámaras, los extraterrestres, o la mierda esa que cree que está ahora mismo controlando el mundo, no pueden mandar mensajes y es absurdo seguir estando aquí.

—Ok. Pruebe con eso.

—(Saliendo de la habitación) Vale.

—Menuda primavera me está dando el de la tele.

—(Entrando en la habitación) Hecho.

—¿Cómo ha ido?

—Ha colado y se ha ido.

—Genial.

—No te creas.

—¿Qué pasa?

—Como su mirada se ha cruzado con un perro justo cuando el animal ha parpadeado, está convencido de que el chucho le ha guiñado un ojo y ahora cree que puede comunicarse con los perros.

—De puta madre.

—Ya. Esta mierda va a ser larga, ¿verdad?

—Eso parece.

Me divierte pensar que cuando te vuelves loco, hay una parte del cerebro que trata de mantenerte a salvo lanzándote argumentos muy absurdos, pero que, en realidad, sirven para asegurarse de que no te meterás en más líos de los que tienes ya, aunque en el fondo lo complican todo un poco más.

Tendré que pensar más acerca de esto.

TELEPATÍA INCLUSO CON PERROS

Por cierto…, es verdad que estuve convencido de que podía hablar con los perros. No en plan sentarnos en una mesa a tomar café y charlar de viva voz tranquilamente, pero sí con la mente.

Cada vez que me cruzaba con un perro y le miraba, si este también me miraba y cerraba un ojo, estaba convencido de que me lo había guiñado en plan: «Bienvenido al mundo real. Nos alegra que hayas descubierto el gran secreto».

O si de repente iba paseando a mis perros y me cruzaba con alguien que también tenía perros y se paraba a hablar conmigo, yo pasaba la mayor parte del tiempo fingiendo que estaba escuchando cualquier cosa que dijera. En realidad, estaba charlando mentalmente con el perro acerca de lo flipante que era poder comunicarnos de esa forma y me aseguraba de que su dueño le trataba con cariño.

Si echo la vista atrás y trato de recordar el primer momento que, visto ahora con una mente clara y desde fuera, debería haberme hecho sospechar que dentro de mi tarro estaban pasando cosas un pelín raras, fue el día que sentí muy claramente que mis perros me decían que había llegado el momento de ir hasta el dormitorio a contarle a Eva que ya había descubierto su secreto: era una musa enviada por los dioses para que yo tuviera por fin inspiración.

Como me daba vergüenza acercarme a una persona que no era un ser humano, sino divino, para despertarla y decirle: «Sé que vienes de parte de los dioses», mis perros me cogieron por los cordeles de la sudadera que llevaba aquella noche en plan «venga, hostia, que no pasa nada» y me fueron dirigiendo hasta la habitación donde ella dormía mientras me pedían por telepatía que confiara en ellos.

Lo que yo viví:

Dos perros me piden con la mente que me agache porque tienen algo que decirme. Me agacho y entonces me cogen del cordel de la sudadera para llevarme a rastras hasta el dormitorio donde está durmiendo Eva para que le diga que ya he descubierto su secreto.

Lo que hubieses visto tú:

Un tío se arrodilla junto a sus perros que, al ver dos cordeles de la sudadera colgando, intentan cazarlos para tirar de él como si fuera un juguete. En cuanto los cogen, el tío empieza a arrastrar a los perretes hasta el dormitorio fingiendo que no puede hacer nada porque, en realidad, son ellos los que tienen el control de esa absurda operación.

Y seguramente ahora mismo estás pensando: «¿Y qué pasó cuando entraste en la habitación a despertarla y soltaste de repente esa chorrada?».

Nada.

Porque como se lo dije con telepatía, pues no pasó absolutamente nada, claro.

Mientras estuve loco creí que las conversaciones en este plano en el que estamos, y que es extremadamente superficial comparado con el resto de los planos en los que podemos movernos, en el fondo funcionan como tapadera para que nadie sepa de lo que realmente hablamos.

En un rato te explicaré esa frase algo mejor.

Pero la escena aquella noche básicamente fue que entré en la habitación haciendo todo el ruido que te puedas imaginar que haría una persona que está jugando con dos perros que intentan sacar los cordeles de una sudadera. Ella se despertó sobresaltada en plan:

—¿Qué coño pasa?

Yo sencillamente dije:

—Que ya lo sé.

—¿El qué?

Y salí de la habitación con media sonrisa y diciendo:

—Nada, nada.

Me fui sonriendo porque, aunque la conversación en el plano físico había sido:

—¿Qué coño pasa?

—Que ya lo sé.

—¿El qué?

—Nada, nada.

Telepáticamente había sido mucho más profunda, y lo mejor era que, desde ese momento, ella y yo ya podríamos hablar siempre por telepatía porque los dos sabíamos que esa opción existía. La telepatía era el canal que permitía tener conversaciones realmente importantes y no la clase de charla que se tiene en un plano donde, si no sacas la basura, la cocina huele mal.

Aunque para ser sinceros, lo de que estuviera convencido de que hablábamos vía telepática no ayudó a que nuestra relación fuese muy normal durante el tiempo que duró mi brote, porque cualquier cosa que se dijera en este plano a mí me la pelaba mucho porque no era real.

Así que, si en algún momento mi locura llevaba a nuestra relación a lugares donde no quedaba más remedio que acabar discutiendo, me la pelaba mucho porque, en realidad, en el plano telepático nos estábamos riendo de aquellos dos idiotas que, en un plano mucho más superficial, no hacían más que discutir.

Recuerdo que una vez tuvimos una discusión en plena calle. Un tipo se me quedó mirando porque levanté muchísimo la voz y le insulté mientras decía «¿Y tú qué miras, gilipollas?» porque, en mi cabeza, todo el mundo que estaba por la calle aquel día eran actores contratados para rellenar el mundo y que no se viera tan vacío.

Menos mal que al tipo no le dio por pararse y cruzarme la cara.

Si da la casualidad de que estás leyendo esto y te suena que a finales de mayo de 2017 te insulté mientras paseabas por Madrid, cerca de la plaza de Colón en Recoletos, aprovecho para pedirte mil disculpas y agradecerte que no me cruzaras la cara de un guantazo.

Por aquel entonces era un dios y pensé que te habían contratado mis padres para rellenar el mundo y que no sospechara nada si todavía no había descubierto que la realidad que vemos a primera vista es solo una careta del mundo real.

Mientras estuve loco, nosotros simplemente éramos los Sims de unos nosotros muchísimo más evolucionados que vivían en un plano superior.

Lo de tener conversaciones mentales con la gente fue algo que me acompañó durante más o menos el mes o mes y medio que calculo estuve completamente loco sin que nadie sospechara que así era.

Sé que llegados a este punto te puede sonar raro que nadie sospechara nada de lo que estaba pasando en mi cabeza, pero te aseguro que la capacidad de camuflar lo que estaba pasando era tan perfecta que era imposible que nadie pudiera sospechar si no ha vivido antes algo parecido.

La locura, hasta que cae la gota que colma el vaso, es una especie de ladrón de guante blanco capaz de ir infectando tu cabeza sin que nadie se dé cuenta de nada.

De hecho, la espina más grande que sospecho que le queda a todo el mundo cuando alguien de su entorno pasa por algo como esto es no haberse enterado de nada.

Y esa espina no se la quitarán jamás.

Un amigo de los que se quedó a mi lado y vivió todo lo que me pasó muy pero que muy de cerca sigue sin entender cómo nadie pudo darse cuenta. Siempre que nos vemos y charlamos un rato sobre lo mucho que se me piró la pinza, me acaba reconociendo que él no puede evitar chequear mi comportamiento cada cierto tiempo para, si nota cualquier cosa que le resulte un poco extraña, poder venir rápidamente a preguntarme a mí o a Eva si todo va bien.

Así que si eres una de esas personas que ha tenido cerca a alguien que ha vivido una historia parecida a la mía y sigues fustigándote pensando en cómo se te pudo pasar por alto, coge un subrayador y subraya esto: no te diste cuenta porque él o ella no quiso que te dieras cuenta.

Así de duro y simple es.

En mi caso, siempre les repito lo mismo: «No pudisteis daros cuenta porque todas las conversaciones que tuvimos por aquellas fechas tenían dos niveles: el físico y el telepático».

Aunque a nivel físico pudiera parecer que estábamos hablando de si tomar o no unas bravas, en mi cabeza a lo mejor se estaba hablando de que habíamos pillado in fraganti a un ser del otro lado del espejo camuflado bajo el disfraz de camarero que te está tomando nota. Pero, para que el camarero no se diera cuenta de que habíamos descubierto sus planes, encriptábamos la conversación dentro de «¿Pedimos la ración completa o solo media?».

Todas las discusiones que tuve durante aquellos meses con cualquier persona que se cruzara en mi camino para mí no eran reales, porque mentalmente estábamos teniendo conversaciones mucho más tranquilas y profundas relacionadas con lo fascinante que era el mecanismo por el que estaba controlado el universo.

Lástima que en realidad no fuera así, porque eso significa que cualquier cosa que dijera aquellos días y que pudiera hacerte daño, estoy seguro de que sí te hizo daño.

EL DOLOR DE LOS OTROS

Si tienes un subrayador a mano subraya esto ahora mismo: si crees que pudiste decir cosas que le hicieron daño a otros no pierdas tiempo y pídeles disculpas cuanto antes.

Y deja de culparte por las cosas que dijeras mientras no estabas aquí.

Muchas veces pienso en lo terriblemente doloroso que debe haber sido mi locura en los demás.

Una de las cosas que más duele en mi interior es saber que hice llorar a mi padre al lanzarle algunas frases.

No tengo ni idea de lo que dije y, para ser sinceros, ni siquiera me he atrevido a preguntar.

Solo sé que dije cosas que le hicieron tanto daño como para acabar llorando y, aunque sé que ni siquiera habrá necesitado perdonarme porque conociéndole como le conozco estoy seguro de que jamás llegó a enfadarse, puede que esa sea una de las cicatrices más profundas que ha dejado en mi alma la locura.

Y aunque insisto en que no tengo ni idea de lo que dije, estoy casi seguro de que estaría relacionado con otra de las tramas que mi cerebro puso en marcha y que, junto a la de los seres de *Al otro lado del espejo*, fue de las más aterradoras: a veces, los seres del otro lado del espejo eran familiares.

Pero terminemos ahora con la tercera fase de mi ingreso.

Esta llegó al cruzar la puerta del ala de psiquiatría y notar cómo se cerraba a mi espalda.

No sé si alguna vez habrás tenido la sensación de acabar de entrar en un lugar del que salir ya no dependerá de ti.

Y no me refiero a quedarte encerrado en un ascensor atascado a la espera de que lleguen los bomberos, ni a lo que sientes cuando has perdido la llave de una puerta que no podrás abrir hasta que venga un cerrajero, ni siquiera a una situación como la que acabamos de vivir con el coronavirus.

Al fin y al cabo, todas esas situaciones son encierros temporales.

Aunque puedas agobiarte más o menos y tus nervios te lo hagan pasar peor o mejor, en el fondo sabes que son un problema temporal que se resolverá tarde o temprano porque la ayuda está en camino.

Pero, tras el ingreso, mi sensación fue distinta.

Es una sensación parecida a la de cuando de pequeño jugabas con algún niño más grande y, de repente, le parecía divertido aprovechar que era muchísimo más fuerte para sentarse sobre ti e impedir que te movieras.

No importaba lo mucho que intentaras escapar.

Había un momento en que te dabas cuenta de que luchar no serviría de nada y sabías que poder salir de ahí dependería única y exclusivamente de cuando aquel crío (o adulto) se cansara de jugar a demostrarte que su fuerza era mayor. Solo entonces podrías volver a sentir la libertad.

Pues la sensación que tienes cuando se cierra tras de ti la puerta del ala de psiquiatría de un hospital es exactamente igual.

Sientes como si un gigante se sentara sobre ti y, además, lo hiciera cargado de comida y agua fresca para no tener que levantarse de tu espalda nunca más.

Por no hablar de que esas puertas tienen una especie de ventana acristalada por la que puedes ver las caras de los que hasta ese momento pensabas que estaban en tu bando, pero que en ese momento se han quedado al otro lado.

Así que la primera vez que sospeché que pasaban cosas raras fue cuando aquella puerta se cerró y noté que, al intentar darme la vuelta para salir de allí rápidamente, los que ya estaban conmigo en este lado intentaban sutilmente impedir que comprobara por mi cuenta que aquella puerta ya solo se abriría si ellos querían, si tenía el código o si las enfermeras responsables de vigilarnos en lo que durase nuestra estancia pulsaban un botón que debe haber bajo el mostrador de la sala acristalada desde la que pueden controlar que ninguno de los ingresados haga cosas raras.

Si quieres saber cómo es el lugar donde estuve ingresado, la película *Alguien voló sobre el nido del cuco* te dará una pista muy pero que muy aproximada.

El caso es que mientras ellos intentaban que desviara mi atención de aquella puerta para que entrara cuanto antes en la habitación y trataban de convencerme con palabras de que descansara un rato, yo no hacía más que exigir explicaciones. Las respuestas que me daban no servían de nada a mi cerebro. Exigí que me abrieran la puerta para poder irme a mi casa cuanto antes, pero, por supuesto, no la abrían. Exigí que alguien llamara a mi abogado porque lo que estaban haciendo conmigo era indignante —que conste que todavía no tenía ni puta idea de por qué carajo me estaban encerrando en aquel sitio— y supongo que, cuando sospeché que nada de lo que estaba exigiendo tenía pinta de que fuese a funcionar, mi ego decidió dar un paso al frente en plan «déjame a mí».

Cuando el grupo de enfermeras encargadas de mi ingreso me enseñó la habitación que habían previsto para mí, mi ego pensó que utilizar una estrategia que no he utilizado nunca porque me parece que solo se utiliza si eres muy muy gilipollas era buena idea y soltó el combo de la estupidez: la del «no sé si sabéis quién soy, pero servidor salía en la tele». Exigí una habitación mejor que aquella donde solo había una cama, un sillón pequeño, una mesita y un cuarto de baño ridículo para mi estatus, convencido de que al escuchar mis exigencias alguien diría: «Vaya. No tenemos nada para usted. Supongo que será mejor dejarle ir».

Pero, obviamente, eso no pasó. Me dijeron que esperase allí un momento. Me dejaron a solas en la habitación y volvieron pidiéndome que las acompañara a otro cuarto que claramente era mejor. Cuando me enseñaron la nueva habitación, que, por cierto, era exactamente igual que la anterior, a mi cerebro le pareció mejor y, como además vio que la ventana estaba abierta, dijo: «En esta sí me quedo».

Las enfermeras me dieron las gracias, me pidieron que esperase un momentito fuera y, cuando salieron, dijeron que ya estaba todo listo. Entré, cerraron, me acerqué a la ventana dispuesto a salir de allí sin tener que hacer ningún esfuerzo, pero, como os he dicho antes, la encontré cerrada y sin posibilidad de abrirla.

Así que lo siguiente que hice fue sonreír porque cuando las *escape room* son complicaditas siempre gustan un pelín más. Entonces me puse a buscar una manera de escapar y ya sabéis cómo acabó aquella historia: con un tornillo escondido en mi mano mientras gritaba: «¡Dejad que me lo quede! ¡Os juro que no me cortaré las venas!».

De los días que pasé allí dentro no recuerdo muchas cosas y las que recuerdo son borrosas.

Los horarios son estrictos y la mayor parte del tiempo lo pasas a solas en tu habitación, paseando de una punta a otra de un pasillo, meando por las mañanas en un bote y prestando atención al color que tengan tus heces cuando cagues para poder responder cuando te pregunten qué pinta tenían esa mañana.

Te tomas las pastillas cuando te las dan y a ratos se permite estar en una especie de sala compartida con personas que también están allí ingresadas y que están del coco más o menos como tú.

Algunos están algo mejor y otros peor.

Y de vez en cuando haces algo que descubres que en realidad estaba prohibido.

Como por ejemplo, darle tus galletas a otra persona.

Tenía la manía de darle mis galletas a otra gente que claramente las disfrutaba mucho más que yo, pero siempre había algún enfermero que venía a decirme que eso no se podía hacer y no entendía qué había de malo en darle dos galletas más a una persona.

Lo entendí meses después de haber salido: cuando te ingresan, incluso lo que comes tiene que estar bajo un control estricto.

Parece una idiotez, pero cabe la posibilidad de que darle dos galletas más a una persona que ha sido ingresada complique un poquitín su recuperación o incluso la meta en problemas porque sea diabético y no se acuerde de que no puede comer galletas que tú sí puedes.

Por cierto..., recuerdo con cariño esas galletas.

Meses después de salir de allí, quise hacer una visita a la gente que me había tratado mientras estuve ingresado.

Estaba especialmente preocupado por si había sido muy maleducado con alguno.

Así que fui al hospital y pregunté si podía charlar con los que hubieran tratado conmigo de forma más cercana.

Coincidió que, justo cuando fui, era el turno de dos personas que me habían tratado; un enfermero joven y una enfermera más mayor.

Se acordaban de mí y me dijeron que podía volver tranquilo a casa porque en ningún momento hice nada que estuviera fuera de lugar teniendo en cuenta mi estado por aquel entonces.

Todo lo que había hecho era normal.

De hecho, el chico recordaba dos anécdotas que le hicieron gracia y debo reconocer que, cuando me las contó, yo también reí.

La primera fue que una mañana, cuando me senté a que me tomaran la tensión y me tomé las pastillas que tocaban, el chico me preguntó por mis heces.

Parece que cuando te vuelves loco el color de la mierda es algo superimportante porque te lo preguntan cada día.

Pues, por lo visto, cuando me preguntó por ellas aquel día mi respuesta fue:

—Las mías muy bien. ¿Qué tal las tuyas?

A lo que me respondió, tratando de aguantarse la risa porque parece que reírse cuando trabajas en un lugar así no debe estar bien visto, que también bien. Yo respondí que me alegraba y a partir de ese día nos preguntábamos cada mañana por el color de nuestras heces.

Y la otra anécdota que me contó reconozco que es mi favorita porque creo que me define perfectamente como el gilipollas que sospecho siempre he sido.

En la planta donde ingresas hay una zona compartida que hace las veces de comedor y sala donde puedes ver la tele, leer, jugar a juegos de mesa o simplemente sentarte a estar allí sin tener la sensación de estar tan solo. Pero lo que nos interesa saber ahora es que los locos no podemos cambiar el canal de la televisión.

Hay que ver por televisión lo que pongan los enfermeros, y si quieres ver otra cosa que no sea lo que estén echando tienes que hablarlo con ellos, pero, por supuesto, no tienes acceso al mando.

El mando a distancia está prohibido para los que están allí ingresados.

Algo que para mí era realmente extraño porque tenían puestos programas de entretenimiento hechos por gente a la que, al haber trabajado en televisión la mayor parte del tiempo, conozco bien.

El caso es que un día, una de las personas que estaba ingresada pidió que cambiaran de canal y el enfermero o enfermera —ahora mismo no lo recuerdo— le dejó el mando a distancia y le dio permiso para encargarse un rato de la tele.

Creedme si os digo que, cuando estás allí, el hecho de que te den permiso para ser tú quien cambie la tele estoy seguro de que es uno de los mejores momentos que puedes vivir. Aunque jamás lo hablé con aquella persona, sospecho que en ese momento sintió que debía estar mejorando mucho porque alguien había confiado en él para cambiar de canal.

El caso es que le dejaron el mando justo en el cambio de turno y la persona que se lo había dejado debió olvidar mencionar al enfermero del siguiente turno que se lo había dado a fulanito. Cuando el enfermero nuevo vio a fulanito con el mando fue corriendo —no agresivamente— a quitárselo y preguntarle cómo lo había conseguido.

Fulanito le contó que se lo había dejado un enfermero y el resto de los pacientes confirmaron que había sido exactamente así. Cuando el enfermero que le había dejado el mando, y que todavía no se había ido, vio lo que pasaba corrió a confirmar que, en efecto, había sido él quien se lo había prestado. En cuanto le devolvieron el mando a fulanito y el enfermero que se lo había quitado le pidió disculpas, me puse en pie, levanté los brazos y grité:

—¡Punto para los locos!

Y, desde aquel momento, parece que me divirtió bastante aquella mierda y me paseaba por la planta como una especie de inspector que iba diciendo «punto para los locos» o «punto para los enfermeros» dependiendo de lo que pasara.

Así que todo apunta a que lo de ser gilipollas es algo que llevo en la sangre incluso cuando me vuelvo loco.

Hablar con aquel enfermero y aquella enfermera me dejó tranquilo y, además, me sirvió para descubrir algo muy importante y que te he mencionado al principio: aunque creas que lo que te ha pasado es demoledor y vergonzoso, nunca olvides que son cosas que le pasan a más gente todo el tiempo.

Y que, aunque para ti sea algo excepcional, hay personas que ven casos como el tuyo todo el tiempo a todas horas.

Así que vuelve a coger el subrayador y subraya esto: lo que te ha pasado es tan normal como derramar un poco de café en el plato en el que apoyas esa taza.

Da rabia, preferirías que no hubiese pasado nunca, crees que la culpa ha sido tuya y que ya nadie se fiará nunca más de ti para que le sirvas un café, pero la realidad es que le pasa a mucha gente muchas veces y, sobre todo, no significa que no sirvas para nada.

Solo necesitas un poco de tiempo, espacio y calma para asumir lo que ha pasado y empezar a remontar.

Porque, aunque ahora mismo no lo creas, remontarás.

El «remontarás» subráyalo dos veces porque sé que te parecerá especialmente imposible. 😉

Por cierto: gracias a todos los que os preocupasteis por el color de mis heces mientras estuve encerrado y, por supuesto, si fuimos compañeros de ingreso aquellos días, te mando un beso enorme desde donde estoy ahora.

Espero de todo corazón que estés mejor.

Yo estoy escribiendo un libro tratando de explicar en qué consiste volverse loco, así que…

¡PUNTO PARA LOS LOCOS!

Aunque es algo que, si me hubieses preguntado hace tan solo un par de años, te hubiese dicho que era claramente imposible hacerlo.

Así que hazme un favor y subraya también esto: que algo hoy te parezca imposible no significa que lo vaya a ser también mañana.

Solo significa que te lo parece hoy.

El gran problema de pasar por algo así es que, para poder salir del hospital, la gente que te trata tiene que estar segura al cien por cien de que tus delirios ya se han ido. La única manera de acabar con los delirios es frenando en seco a la cabeza, pero como desgraciadamente la cabeza no es un espacio abierto al público en el que uno pueda calcular si nos falta un poquito más de sal o nos sobra algo de azúcar, la única posibilidad es resetear el coco a cero. Eso pone fin a los delirios, pero también a la persona que eras antes, y eso es lo realmente duro de toda esta movida.

De repente, y de la noche a la mañana, todas esas preguntas que a veces nos hacemos medio en broma medio en serio, en plan

¿Quién soy?

¿De dónde vengo?

¿Adónde voy?

¿Soy feliz?

¿Es en verdad esta la vida que quiero?,

te las haces tan en serio que no puedes avanzar a menos que consigas responderlas.

Así que el verdadero problema de volverse loco no es creer que las mariposas blancas significan todo ok.

El verdadero problema de volverse loco es que tendrás que encontrar las respuestas a algunas de las preguntas más profundas que te hayas hecho nunca si de verdad quieres remontar.

Y eso, querido amigo, dolerá.

Mucho.

¿Pero sabes qué?

Coge el subrayador: te doy mi palabra de que las responderás y valdrá la pena.

15

LA RECONSTRUCCIÓN

IMAGINA SER PROFESOR de matemáticas, pasar cuarenta años utilizando una pizarra gigante para descifrar alguna fórmula, descifrarla, salir del aula a disfrutar un momentín de la sensación de que te dé el aire en la cara, volver dentro y descubrir que en ese rato alguien ha cogido un borrador para dejar bien limpia la pizarra.

Pues justo eso es lo que sucede en tu cabeza después de pasar por algo así.

Y lo peor es que ni siquiera sabes dónde coño están las tizas.

Volver a casa es raro.

De hecho, cuando te dan el alta tampoco se podría decir que sientas una liberación gigante porque volverás a casa con gente que, en realidad, tampoco tienes demasiado claro quién carajo son.

Con un poco de suerte, sabes el parentesco o el tipo de relación que os une, pero en ese momento tus sentimientos hacia ellos son distintos o no están.

Supongo que para la persona que va a recogerte también es bastante raro.

Supongo que si eres la persona que va a recoger a quien ha estado ingresado esperas que nada más salir te abrace y celebre la noticia de que por fin le han dado el alta y ya puede volver a casa, pero no te sientas mal si esa persona no celebra nada, ni te abraza o notas que te abraza más por compromiso o por respeto que por necesidad.

No es que esa persona pase de ti.

Es probable que lo único que pase es que, la última vez que te vio, no eras así.

Cuando vuelves a ver a las personas después de pasar por esto es como cuando llevas toda la vida viendo a alguien con barba y de repente se afeita por completo.

Tú sabes que es esa persona porque la has visto muchas veces, pero hay algo en tu cabeza que no puede evitar dudar durante un tiempo.

Y lo más duro es que salir del hospital y pisar la calle para, poco después, entrar en casa tampoco te hace sentir como pensabas cuando estabas ingresado.

Nunca me he sentido tan desubicado como me sentí los primeros días justo después de salir del hospital.

Por no hablar de que mientras tú has estado ingresado, la gente que está fuera habrá tenido sus movidas y es probable que al salir te encuentres con un ambiente todavía más raro.

Te diré algo por si las voces vuelven: aunque quien se haya vuelto loco seas tú, tu locura os dejará a todos tocados.

Y eso es importante que lo sepas porque mucha gente olvidará que el que acabó ingresado fuiste tú y, como para ellos ya estás fuera, piensan que ya estás bien, así que de vez en cuando tendrás que escuchar frases del tipo: «Es que tienes que entender…», «Intenta ponerte en nuestro lugar…», «Es que tú no sabes…».

Y aunque estoy seguro de que son palabras que no se dicen con intención de hacer el más mínimo daño, es importante que sepas que esas frases hacen daño.

Mucho.

Porque, aunque no lo creas, con esos comentarios lo que de verdad le estás diciendo al tipo al que se le piró la pinza, terminó ingresado y ahora no tiene ni idea de quién es ni de por dónde empezar a rebuscar es: «Los demás sí que lo hemos pasado mal y no tú. ¿Y sabes qué? Por tu culpa».

Con cada una de esas frases lo único que haces es generar la sensación de que el gigante que se sentó en su espalda acaba de pedir pizza para no tener que levantarse nunca más.

Por eso es importante no convertir en personal absolutamente nada de lo que se diga ni mientras se está loco ni después.

Simplemente son palabras dichas por personas que no saben muy bien cómo comportarse en situaciones que no son habituales.

Y aunque ignorar toda esa parte es muy difícil, también es la primera que debes entender para poder empezar a reconstruir tu identidad.

Lo que todavía me sorprende es que haya personas que se hacen llamar profesionales y olviden esta parte.

¿Recordáis que teníamos en el aire la historia de lo poco que duró la relación con mi psicólogo?

Creo que ahora que sabéis la trascendencia del lenguaje que sería importante utilizar con la gente que pasa por situaciones como esta es un buen momento para que descubráis por qué fue tan corta.

PSICOPSICÓLOGOS

Nada más salir del hospital me recomendaron (obligaron) sentarme con una psiquiatra que me aconsejó localizar un buen psicólogo.

Como por aquel entonces nadie de mi entorno conocía a ninguno, hice un par de llamadas a personas de extrema confianza para contarles lo que había pasado y preguntarles si tenían idea de alguien que pudiera echarme un cable.

El tipo que me recomendaron no pudo aceptar mi caso porque justo le pillé cuando había decidido parar de trabajar un año, pero me puso en contacto con otro tipo que aseguraba era perfecto para lo que necesitaba.

Le llamé, concertamos una cita y fui a verle.

La primera vez, nos vimos simplemente por ponernos cara y para poder contarle lo que me acababa de pasar. Me dijo que podía echarme una mano y decidimos que iría a verle cada lunes por la tarde.

Al lunes siguiente fui a verle y de aquella cita ya salí bastante raro.

No tengo ni idea de cómo funciona lo de charlar con un psicólogo, así que, si lo que os cuento a continuación es exactamente como se hacen estas cosas, prometo tragarme mis emociones y espero que el karma me abofetee en algún momento por haber pensado que ese tipo era claramente un gilipollas.

El caso es que en la segunda cita nos sentamos frente a frente, me hizo dos o tres preguntas y, durante la respuesta a una de ellas, algo se me removió por dentro y tuve uno de esos ratos en los que notas cómo te rompes un poco por dentro mientras el tipo me miraba fijamente.

Cuando terminé de hablar, sus palabras exactas fueron:

—Vale. Se te ha acabado el tiempo. Nos vemos la semana que viene. Son x euros.

Os juro por mi vida que no hubo un solo gesto ni una sola palabra entremedias de aquel «Vale. Se te ha acabado el tiempo. Nos vemos la semana que viene. Son x euros» que mostrase ni el más mínimo rastro de sentir un poco de empatía, aunque fuese falsa.

Nada.

Fue la misma sensación que podrías tener al contarle algo a una puerta.

Muchas veces bromeo sobre que, en ocasiones, cuando te entrevistan en la tele, te encuentras con entrevistadores a los que les importa una mierda lo que les respondas.

Simplemente están rellenando el tiempo que dura el programa y tus respuestas se la soplan.

Ellos te preguntarán:

—¿Qué tal el día?

Y si tú dices:

—Regular porque anteayer murió un amigo.

Responderán:

—¿Y escribir este libro ha sido muy difícil o al escribir monólogos te ha resultado un poquitín más fácil?

Así que cuando el tipo dijo que se me había acabado el tiempo, saqué la cartera, le pagué y me fui.

Sin embargo, aquel gesto no fue el que hizo que dejara de ir.

Aunque salí de allí con la sensación de que aquello había sido un poco raro, di por sentado que debía ser lo normal y que ir al psicólogo era eso: sentarte frente a un desconocido que te escucha amablemente para que digas en voz alta ciertas cosas, pero al terminar ni siquiera hace una pequeña reflexión por si, quizá, alguna de sus palabras te sirve de algo.

Al fin y al cabo, nunca había ido a ningún psicólogo, y el que había sido ingresado y cuya salida del hospital era tan reciente que, si fuera un bizcocho hecho en el horno, todavía estaría caliente, era yo, así que, si algo me parecía raro, seguramente no lo era.

La próxima cita era al lunes siguiente, pero me surgió un imprevisto que me impedía ir y le mandé un mensaje pidiendo disculpas, contándole el imprevisto, aclarando que le pagaría la cita cancelada para que no perdiera su dinero y diciéndole que nos veríamos el lunes de la semana siguiente.

No recibí ningún tipo de respuesta y, cuando el lunes siguiente llamé al timbre, el tipo abrió y, sin dejarme pasar, me soltó:

—¿Qué haces tú aquí? Lo has hecho mal.

Por supuesto, no entendí a qué se refería, y me dijo que no podía hablar conmigo porque tenía una persona dentro.

Le dije que no comprendía nada.

Supuestamente teníamos una cita y me explicó que, al no presentarme la semana anterior, había cancelado todas mis citas porque eso de no presentarme era hacerlo mal.

Seguí sin entender nada y llegué a sacar el móvil para enseñarle el mensaje que le había enviado.

Todo esto con la puerta entreabierta.

Él en el recibidor y yo en el descansillo.

Miró el mensaje y me dijo que no lo había visto, que había dado por sentado que no iría nunca más y que ya había metido a otra gente en mi hora.

Que me llamaría más tarde para darme cita.

Yo respondí que ok, él cerró y yo me fui sin entender nada.

Pero había algo que me había dejado muy tocado y tardé bastante en darme cuenta de qué era.

Lo descubrí horas después.

Lo que me había dejado fatal era que su primera frase nada más abrir la puerta hubiera sido: «¿Qué haces tú aquí? Lo has hecho mal».

No era capaz de entender qué era lo que había hecho mal.

Había hecho lo que se supone que uno hace cuando no podrá ir a algo porque ha surgido un imprevisto: avisar, pedir disculpas y adelantar que pagará la cita porque entiende que la cancelación no tiene por qué suponer un dolor de cabeza económico para otro.

Sin embargo, aquel «lo has hecho mal» retumbaba todo el tiempo en mi cabeza.

Nada más llegar a casa, le conté a Eva lo que había pasado más la sensación que me dejó su falta de empatía después de la primera cita, y se confirmó lo que sospechaba: no había hecho nada mal.

Esta vez no.

Así que le llamé por teléfono y, aunque esto os sonará muy infantil, en cuanto el tipo descolgó, le dije:

—El que lo ha hecho mal has sido tú.

Creo que aquella fue la primera vez desde que salí del hospital en la que, a pesar de haber tenido que consultar si realmente estaba en lo cierto al sentir que lo que había pasado era raro de narices, tuve la suficiente fuerza de voluntad como para no dudar de mí.

Le dije que quien lo había hecho mal era él al cancelar todas mis citas dando por sentado que no iría nunca más.

Le dije que para mí no tenía ningún sentido pedirle ayuda a alguien que no solo no se entera de cuando le mandan un mensaje, sino que, además de no llamar a su paciente al ver que este no llega para saber si todo anda bien, si se ha despistado o si han tenido que ingresarle de nuevo porque se le ha pirado la pinza, decide sacar sus propias conclusiones sobre lo que pasará a partir de ahora basándose en la nada.

Aproveché que ya estaba calentito y le dije que me había tocado el rabo lo de que después de abrirme en canal la semana anterior sus únicas palabras hubieran sido: «Vale. Se te ha acabado el tiempo. Nos vemos la semana que viene. Son x euros». Sin ni siquiera darme un minuto para recuperarme de las lágrimas.

¿Y sabéis qué?

El tipo me reconoció que tenía razón.

Me dijo que no lo estaba haciendo bien conmigo y que me pediría disculpas cuando nos viéramos en la siguiente cita.

Y, por supuesto, le dije que ni de broma íbamos a volver a vernos.

Lo último que necesitaba era a alguien que las primeras palabras que me dijera fueran «lo has hecho mal».

Juraría que antes de colgar le recomendé que se buscara a un buen psicólogo, pero puede que esto me lo esté inventando y simplemente sea algo que me gustaría haberle dicho.

Creo que hemos olvidado lo frágiles que somos.

A medida que crecemos en tamaño nos perdemos el respeto porque físicamente somos grandes y olvidamos que lo que llevamos dentro es diminuto y, si además va protegido por huesos, nervios, carne, músculos y piel, será por algo.

Pero por desgracia —y también por suerte— las palabras no necesitan hacer ningún tipo de fuerza para clavarse dentro.

Los golpes físicos pueden doler más o menos dependiendo de lo fuerte o flojo que esté el tipo que recibe o el que pega, pero los verbales…, esos son distintos.

No hace falta entrenar mucho para poder hacerle daño a alguien.

Para lo que hace falta entrenar mucho es para que nada te haga daño.

Ese ejercicio sí que resulta agotador.

Por eso, que las primeras palabras que dice alguien que tiene un trabajo que consiste en ayudar a los demás a ordenar el interior de su cabeza en un momento de especial fragilidad sean «lo has hecho mal» te permite darte cuenta de que hay muy poca gente tratando de pensar bien lo que dice, a quién y cómo.

Por eso, lo primero que tendrás que hacer para poder reconstruirte es aprender a no escuchar cualquier cosa que llegue a tus oídos y olvidar las que ya hayas escuchado, porque puedes estar más que seguro de que alguna de esas cosas, o la combinación de varias, fueron las que sirvieron para que el coco hiciera crec.

Y como después de volverte loco lo primero que descubres es que, si repitieras paso a paso y de forma milimétrica todo lo que has escuchado, dicho y hecho, acabarías por volverte loco y eso nadie te lo puede discutir porque tienes pruebas que demuestran que así es, lo primero que deduces es que algo de lo que has escuchado, dicho y hecho estaba mal porque ha servido para llevarte hasta el punto en que tu coco no ha podido más y ha tenido que hacer crec.

Así que gracias a eso ya tienes por dónde empezar: escuchar, decir y hacer cosas distintas.

De esa forma se empieza la reconstrucción: dando por sentado que no sabes absolutamente nada y que lo poco que sabías estaba muy pero que muy equivocado.

Y ese no tener ni idea de quién eres realmente, que es lo que provoca que te resulte prácticamente imposible hacer nada que no sea quedarte a oscuras en algún rincón vacío, de repente se convierte en una especie de superpoder.

La mayor ventaja de volverte loco y tocar fondo es que todo tu mundo se derrumba y te sientes tan perdido, desorientado, triste y solo que tu única opción para salir a flote consiste en reaprender a ver el mundo desde cero.

De repente, descubrir que durante mucho tiempo (años) has sido una especie de bebé que pasaba la mayor parte del tiempo fingiendo que todo lo tenía bajo control, pero que, en realidad, no sabe nada, se convierte en la columna vertebral de tu reconstrucción.

¿La música que te gusta es la que de verdad te gusta o simplemente la que te han dicho que tiene que gustarte?

¿Los libros que tienes en tu casa son los que quieres tener o los que te han hecho creer que debes tener?

¿Realmente leer te gusta tanto?

¿Tu peli favorita es tu peli favorita?

¿De verdad te gustan tanto las tostadas?

Yo, por ejemplo, he necesitado cuarenta años y algunos días de manicomio para darme cuenta de que una fruta llamada naranjas de la China, que recomendaba probar a todo el mundo porque era mi favorita, es en realidad una mierda ácida que me parece repugnante.

De repente te das cuenta de que tienes miles de preguntas con respuestas automatizadas que necesitan una revisión urgente.

Y, por supuesto, esas preguntas acerca de tus gustos están bien, pero te tocará hacerte algunas otras que están en capas más profundas:

¿Me caen bien mis amigos?

¿Quiero de verdad a mi familia?

¿Me gusta lo que soy?

¿Volveré a sentirme vivo alguna vez?

Y entonces, cuando empiezas a hacerte preguntas verdaderamente serias con una intención real de responderlas, sucede algo que te vuela la cabeza.

Por una de esas cosas que la mayor parte del mundo llama *casualidad*, el día que te preguntas si tratar de empezar a responder todas esas preguntas poniendo en duda las respuestas que tienes automatizadas será una buena idea, por delante de tus ojos pasa una mariposa blanca y piensas: «¿Y si en realidad no estuve loco?».

16

¿Y SI EN REALIDAD NO ESTUVE LOCO?

TENER LA SENSACIÓN de que has descifrado cómo funciona el universo es algo tan salvaje que lo primero que haces al salir del hospital y quedarte un rato a solas es intentar recuperar físicamente aquella sensación.

Imagino que priorizas la física porque estás tan agotado y te cuesta todo tanto que lo primero que uno quiere es encontrarse bien físicamente.

En cuanto tuve un mínimo de fuerza como para poder estar frente a un ordenador más de dos minutos sin tener que levantarme por sentir que era la olla exprés sin pitorrito de la que hemos hablado, lo primero que hice fue buscar en internet qué le había pasado a mi cabeza y, por supuesto, investigar si había más gente como yo.

Respecto a si había más gente como yo, la respuesta es mucha.

Mucha gente pasa por algo como lo que me ha pasado y es increíble la cantidad de tramas y formas de interpretar las señales que teníamos en común.

La trama de *Mudanza cósmica* aparece en muchos casos; la de *Hijo de los dioses*, también, y la de *Al otro lado del espejo* y *Seres intentando entrar en mi cabeza* ni te cuento. Estas dos también son tramas muy pero que muy solicitadas.

Digamos que esas estarían en el top de las tramas más buscadas.

También la de la telepatía es bastante habitual.

Y, como una de las cosas que dijeron que le había pasado a mi cerebro era que los niveles de endorfina, dopamina y oxitocina se habían disparado de forma salvaje, lo siguiente que busqué fue cómo generar todo aquello de forma natural porque en aquel entonces mi cerebro estaba medicándose para que fuese imposible que lo generase por su cuenta.

Obviamente, nada de lo que leí sirvió para absolutamente nada.

A lo mejor las sugerencias que aparecen en internet funcionan si estás más o menos bien, pero si estás en la mierda, por mucho que acaricies a un perro durante varias horas, tus niveles de endorfina no llegarán a los niveles que estás buscando y seguramente te desesperes pensando: «¡¿Por qué si le estoy acariciando me siento exactamente igual de mal?!».

No puedo evitar reír por dentro cuando me recuerdo acariciando a mis perros con la esperanza de que mis niveles de endorfina subieran hasta donde yo necesitaba.

Después de pasar por algo así, pensar eso es como pensar que, aunque no hayas hecho deporte en toda tu vida, si te comes dos barritas energéticas podrás subir el Everest del tirón y sin pararte a beber agua.

Pero estás tan desesperado que te sientas a acariciar al perro mientras tu cabeza busca alguna pista de que efectivamente estás mejor.

Por suerte, atusar al perro será muy muy agradable, pero por desgracia, aunque pases todo el día pasándole la mano por el lomo, en cuanto dejes de tocarle notarás que estás igual o quizá un poco peor porque no has notado ningún cambio destacable.

La buena noticia es que, mientras le has estado acariciando como si fuera una lámpara mágica esperando que salga el genio de las endorfinas a rellenarte el cerebro de esa mierda, tu cabeza habrá estado tan ocupada buscando pistas de que estás mejorando que durante ese rato te habrás encontrado mejor por un motivo muy sencillo: estabas ocupado acariciando a un perro.

Así que la siguiente pregunta que te haces es:

¿Puede que mientras esté ocupado esté mejor?

La respuesta corta es sí.

Y, además, como justo al escribir esto me ha llegado un mensajito que sonaba en tono agudo, sé que lo que digo es cierto. 😉

Cuando al principio de este libro te contaba que volverse loco no es la sensación de haber encajado el universo, sino de comprobar que alguien ha vuelto a desencajar todas las piezas, no bromeaba.

Pero ahora que llevamos juntos un tiempo que dependerá bastante de tu velocidad de lectura, podemos empezar a desmigar un poco más lo que te quiero contar.

Volverse loco, al menos de la forma en la que yo lo hice, consiste en estar completamente convencido de que nada pasa porque sí.

Y esa idea, si la simplificamos, se reduce a sentir que tienes junto a ti a la asesora más sabia que pudieras encontrar: la vida.

Todo aquello que se cruza en tu camino tiene como única misión responder a tiempo real a cualquier pensamiento o sensación que estés teniendo en ese instante.

Cuando esa idea se instala en tu cabeza con la misma fuerza que tienes instalado que si no respiras te mueres, te aseguro que te conviertes en indestructible.

Y haberte sentido indestructible es una sensación que ya no olvidarás jamás y que pasarás el resto de tu vida tratando de recuperar.

Por eso, cuando un día estás sentado a solas preguntándote si alguna vez remontarás y volverás a ser el tipo que eras antes, si de repente sucede algo que tu cerebro reconoce como una de aquellas señales que eran tan habituales antes de que te ingresaran, tu cerebro se preguntará: «¿Y si en realidad no estuve loco?».

Y en ese momento pasan dos cosas.

La primera es que seguramente rompas a llorar porque, por primera vez, serás consciente de que acabas de pasar por una movida muy pero muy grande, así que cero agobios si eso pasa.

Cada vez que tengas ganas de llorar, llora y punto.

De hecho, te aconsejo que normalices cuanto antes eso de llorar porque te vas a hinchar.

Y la segunda es que de repente eres consciente de que mientras estuviste loco no todo estuvo mal por mucho que los demás intenten repetirte una y otra vez lo de pobrecito tú.

Los dos sabemos que aunque hubo muchas cosas que tu cerebro creyó que eran por motivos mágicos y que, vistas desde el punto en el que estás ahora, pueden sonar raras, estuvieron muy pero muy bien y te ayudaron mucho a ser feliz.

Volverme loco es una de las mejores cosas que me han podido pasar en toda mi vida.

Si soy sincero, no descartaría que la mejor.

Y lo más gracioso es que, cada vez que digo esto, siempre hay alguien que me dice: «No digas eso».

Cada vez que digo que volverme loco es lo mejor que me ha pasado, siempre hay alguien a quien parece que esa afirmación le asusta y trata de que recule un poco en mis palabras.

Es como si haber pasado por algo así tuviera que ser obligatoriamente una experiencia trágica. Como si les molestara que hubieses disfrutado de estar pirado.

Insisten en verlo como algo que deberías procesar como un gran drama, tratar de olvidar rápidamente y, a ser posible, no airear demasiado.

Tengo la sensación de que mencionar en voz alta que en realidad me alegro mucho de haber tenido que pasar por algo así, a pesar de lo jodidamente duro que ha sido durante mucho mucho tiempo, está mal visto.

Pues bien.

A partir de ahora no solo lo digo, sino que tengo la oportunidad de dejarlo por escrito y en mayúsculas:

VOLVERME LOCO ES DE LO MEJOR QUE ME HA PASADO EN LA VIDA.

Y estoy seguro de que también podría serlo para ti.

Aunque algunas de las tramas fueron verdaderamente aterradoras y con reglas muy pero que muy agotadoras. Sobre todo porque, cuando las voces llegan, es imposible prevenir qué pasará.

Mientras no estás loco y en tu cabeza la única voz que tienes es la tuya, el día puede ser más o menos caótico, pero seguramente será bastante previsible.

Exceptuando algún que otro imprevisto típico de la cotidianidad, uno más o menos puede sospechar cómo será su día desde que se levanta hasta que se acuesta.

Abres los ojos, desayunas, te pegas una ducha, te vistes, te pones a estudiar o trabajar, paras de vez en cuando a beber agua o a fumarte un cigarrito, a lo mejor recibes una llamada un poquitín más inesperada de lo habitual, paras a comer, sigues estudiando o trabajando y, cuando terminas, vuelves a tu casa con intención de cenar algo, desconectar del curro un rato y te metes en la cama deseando que dormir no se complique para repetir este proceso al día siguiente.

Cualquier imprevisto que te surja como mucho te retrasará en la parte de volver a casa a la hora de cenar.

Ningún día suele ser demasiado sorprendente porque incluso planeas con tiempo los días que ya sabes que tendrás fiesta o un poquito más de tiempo.

Pero cuando las voces llegan eso cambia.

Mucho.

Cada segundo puede pasar algo que complique el rumbo de tu día de una manera totalmente sorprendente porque cualquier cosa que se cruce en tu camino te estará queriendo decir algo.

Cuando las voces llegan, incluso parpadear se convierte en algo agotador porque, en esa décima de segundo en que tus ojos parpadean, el mundo aprovecha para adquirir un significado nuevo. El universo acabará de responderte a mil preguntas y todo cogerá una dimensión distinta para que sigas creciendo y preguntando más y más sin miedo a que las preguntas que te surjan sean tan jodidamente locas como «¿y si la muerte en realidad es un placebo?».

Así que imagina sentir que cada vez que parpadeas el mundo cambia por completo y todo es nuevo y te ofrece además nuevas preguntas.

Puede sonar guay, y en muchas ocasiones lo es, pero te puedo asegurar que también es algo agotador porque, al tener cientos de tramas en marcha, la cabeza tiene que responder a cientos de preguntas y, claro…, eso también es un cacao importante.

Si de repente abría la puerta de la calle para salir a pasear y por mi mente pasaba el pensamiento de qué tal iría el día y se me cruzaba por delante una mariposa blanca, eso significaba que todo estaba bien. Pero si al seguirla con mi vista, por disfrutar un rato de su vuelo, delante de mis ojos se cruzaba algún espejo y me veía reflejado sonriendo, inmediatamente mi cerebro se pasaba a la trama de peña viviendo al otro lado y me mandaba la señal de que habían conseguido desviar nuestra atención enviándonos una mariposa blanca y estaban a puntito de traspasar nuestras fronteras y meterse en mi cabeza, si es que no se habían metido ya.

Algo que inmediatamente me obligaba a preguntarle a mi cabeza si habían conseguido entrar, y el resto del día dependía de la respuesta que escuchase, del sonido que sonara o del color que me pasara por delante de los ojos, y así en bucle cada puta décima de segundo.

Estar loco es como vivir en una película de Christopher Nolan, pero dirigida por Guy Ritchie después de meterse diez kilos de coca.

Por eso, cuando las voces llegan resulta totalmente imposible prevenir qué pasará en el próximo segundo.

Digamos que vives el ahora con bastante más intensidad que el propio ahora porque, al estar en contacto con el futuro, sabes con exactitud las consecuencias de tomar o no una decisión.

Y eso, aunque agotador, también es fascinante.

POSESIÓN CEREBRAL EN 3..., 2...

Recuerdo un día que salí a pasear con mis dos perros y, durante el paseo, pasó algo que mi cerebro interpretó como que seres del otro lado que querían entrar en mi cabeza habían conseguido acelerar su proceso de reencarnación y, en una jugada maestra, ya estaban dentro de uno de mis perros.

De Ketto, para ser más exactos.

Por cierto..., esto no tiene nada que ver con este libro, pero la pérdida de ese perro es la cosa más dolorosa que me ha pasado en la vida.

Estoy escribiendo esto cuando ya han pasado varios meses y sigo siendo incapaz de mencionarle o escribir su nombre sin que la vista se me nuble y en mi estómago se forme un nudo que prácticamente me impide respirar.

La sensación es, literalmente, como si me hubiesen arrancado un trozo de alma.

Sospecho que echaré de menos a ese bicho eternamente.

Y en el fondo también me tranquiliza saber que eso siempre será así.

Pero volvamos al día del que estábamos hablando.

De repente, sentí que ya estaban dentro de Ketto y eso significaba que el siguiente paso era llegar a mí para poder entrar rápidamente en mi cabeza, así que decidí volver a casa para evitar que los malos avanzaran mucho más.

El proceso de posesión que utilizaban los malos era muy sencillo.

Por aquel entonces funcionaba un poco como funciona la reencarnación en la novela de David Safier *Maldito karma*.

Se empiezan reencarnando en cositas chiquititas que quizá no están muy cerca de la persona a la que quieren poseer, pero lentamente se apoderan de elementos que les permiten poco a poco ir acercándose a la víctima.

Ejemplo rápido y sencillo para que se entienda: se reencarnan en una flor que está en un campo cerca de la casa donde vives. Al salir a pasear por esa zona con tus perros, si el perro se acerca a oler la flor, ellos se pasan al perrete y así, cuando te dé por acariciarle el lomo, ellos aprovecharán esa caricia para saltar rápido a tus manos y, si con un poco de suerte te despistas y no te has dado cuenta de sus movimientos, cuando te toques la cara se meterán en tu cabeza y, de ahí, podrán pasar ya a tu cerebro y empezarán a mandar.

Este sería un proceso rápido y sencillo que, obviamente, a medida que pasan los días, ellos van perfeccionando y cada vez necesitan menos pasos para poder llegar a ti.

En mi caso, llegó un punto en el que podían alcanzarme con simplemente reencarnarse en un objeto que se cruzara con mi vista.

Usaban la luz para desplazarse.

Afortunadamente, perfeccioné tanto mi técnica para detectar a seres que intentaran entrar en mi cabeza que el universo me iba dando pistas de si tenía o no a los malos cerca. Incluso descubrí fórmulas perfectas para tenderles trampas y expulsarlos de este mundo antes de que llegaran a atacar.

Pero el día del que estamos hablando recuerdo que volví a casa rápidamente porque estaba seguro, por algo que ahora mismo no recuerdo qué fue, de que habían conseguido meterse dentro de Ketto. Como el siguiente paso era entrar en mí justo cuando intentase acariciarle, diseñé un plan perfecto para expulsar del cuerpo de mi perro a aquellos seres.

Prepárate para flipar.

Si me has hecho caso y te has pillado un plátano cuando has ido a por agua y frutos secos, a lo mejor es el momento de comerlo.

Vamos allá.

Por aquel entonces vivía en una casa con piscina y un trocito de jardín donde habíamos decidido que montaran una cama elástica y, justo esa mañana, había dos tipos terminando de instalarla.

Como una de las cosas que conseguía eliminar de forma radical a los seres malvados era el agua, sin pensármelo dos veces, nada más cruzar la puerta de mi casa, cogí en brazos a Ketto para que los malos pudieran pasar a mí rápidamente y, al mismo tiempo, me tiré con él a la piscina para quedarnos los dos limpios. Mientras tanto, los tipos que montaban la cama elástica nos miraron con cara de «¿qué ha sido esta puta mierda que acaba de pasar?».

Y, por si no había sido lo suficientemente raro para ellos, antes de salir del agua aproveché para sumergirme y recoger del fondo de la piscina un tornillo que se les había caído dentro mientras montaban aquella cama elástica. Se lo devolví con la sonrisa y la tranquilidad de alguien que sabe que acaba de expulsar de su cuerpo y del cuerpo de su perro a unos demonios que intentaban poseerles.

En mi cabeza:

Llego a casa con un perro poseído por un ser del otro lado dispuesto a meterse en mi cerebro y apoderarse de mi vida, pero como tengo un plan, consigo mantener la calma.

Sin perder tiempo en desnudarme, tal y como cruzo la puerta, cojo a Ketto en brazos y me tiro vestido y con él a la piscina.

Como además veo que en el fondo hay un tornillo que se les ha caído a los tipos que, aunque están montando una cama elástica en mi jardín, sé que en realidad son personal de mantenimiento de la nave del espacio en la que estamos viajando para el cambio de planeta *(Mudanza cósmica)* y que, obviamente, han venido a ayudarme porque ya sabían que eso iba a pasar.

Mi teoría se confirma porque han llegado un poco antes de que tuviera que tirarme a la piscina para asegurarse de que el agua en la que tenía previsto sumergirme con mi perro para expulsar a los demonios estuviera doblemente protegida gracias a que ellos dejarían caer disimuladamente un tornillo de metal dentro.

Es decir, trabajo de expulsión demoníaca en equipo.

En la cabeza de otros:

El tío que te suena de haber salido hace unos años por la tele llega a casa después de pasear un rato al perro y, nada más entrar, lo coge en brazos y se tira con él vestido a la piscina.

Saca al perro del agua, bucea un momento para coger un tornillo y se lo da a los dos tíos que han ido a montarle una cama elástica en un rincón de su jardín. Sale de la piscina y se mete en casa completamente empapado y sonriendo mientras un perro blanco agita todo el cuerpo para sacudirse el agua y salpica a esos dos tipos.

Creo que si echo tanto de menos a Ketto es porque compartió conmigo momentos tan absurdos e intensos de mi locura que siempre tendré la sensación de que llegamos a ser uno porque muchas muchas noches las pasé hablando con él.

Algo que, para ser totalmente sinceros, no he dejado ni dejaré de hacer.

Durante una temporada le llamaba Tekko porque, aunque Eva cree que era un despiste, en realidad durante mucho tiempo pensé que era la reencarnación de un esclavo negro que había iniciado una revolución en un campo de algodón hace no sé cuántos años.

Como puedes comprobar, la cabeza no deja de inventarse mierdas ni un segundo.

Creo que como la otra perra que tenemos tiene nombre de guerrera (Xena), mi cabeza decidió que los dos perros eran un par de guerreros enviados con la misión de protegerme de cualquiera que quisiera utilizar las herramientas que te ofrece descifrar el universo para intentar acabar conmigo.

Pero la historia de Tekko no es la historia real de un antiguo esclavo negro que decidiera iniciar una revolución en algún campo de algodón.

Simplemente hubo un día que paseando con Xena y Ketto empecé a escuchar en mi cabeza los gritos de un grupo de esclavos negros que habían decidido rebelarse y, al mirar a Xena tratando de entender lo que pasaba, me reveló toda esta movida con un gesto de cabeza.

O sea…, ella movió la cabeza y yo interpreté ese gesto como un: «Efectivamente. Lo que estás pensando es cierto».

Aquellos gritos eran ecos del pasado. Ella en realidad era la reencarnación de una guerrera que había vivido no sé cuándo y Ketto se llamaba Tekko y era el antiguo líder de una revolución sudafricana que cambió las reglas de la esclavitud, a pesar de que, para conseguirlo, había sufrido las torturas más crueles y salvajes que pudieras imaginar. Aun así, su fuerza le había permitido seguir con vida eternamente adoptando la forma que quisiera y ahora estaba dentro de mi perro para protegerme si alguien intentaba hacerme olvidar todo lo que estaba descubriendo.

Importante: tú si en algún momento necesitas parar y beber agua para procesar toda esta mierda que te estoy contando, tómate una pausa y sigue leyendo cuando quieras, ¿vale?

Te lo digo porque igual eres de los que está leyendo esto con mi voz y te sientes mal cerrando el libro y dejando mi chapa en *stand-by*, pero entiendo perfectamente que lo que te estoy contando, si nunca has estado loco, es raro de narices.

Mientras estuve loco, mi cabeza era capaz de convertir en presente muchas cosas del pasado.

Algunas veces viajaba telepáticamente a lugares que probablemente no hayan existido nunca a charlar con personajes que lo más seguro es que se los inventara mi cabeza, como dioses y demás, pero otras me llevaba a sitios que sí han existido.

Una noche escuché en directo a Mozart.

Cuando te vuelves loco, todos tus sentidos se agudizan a niveles fascinantes.

No sé si alguna vez has escuchado una grabación de algún pianista en la que puedes escuchar incluso el sonido que hacen los pedales del piano al pisarlos o la tos muy lejana de alguien sentado entre el público.

Jamás le había prestado tanta atención a una grabación hasta una noche en la que empezó a sonar algún tema de Mozart que ahora mismo no recuerdo. De repente, mi cabeza decidió regalarme la sensación de que lo que estaba escuchando estaba siendo tocado justo en aquel momento única y exclusivamente para mí.

Era como si hubiera desbloqueado la posibilidad de desplazarme a cualquier momento de la historia y tenía la sensación de estar en la misma habitación donde Mozart estaba descubriendo por primera vez aquellas notas.

Era como estar sentado junto a él escuchando a tiempo real las notas que le iban llegando a la cabeza.

Y aunque por un momento llegué a pensar que era imposible, de pronto mi cerebro encontró una forma de justificar lo que estaba pasando.

Para impedir que pudiera seguir dudando ni un solo segundo más, mi cerebro decidió regalarme esta teoría: el pasado, el presente y el futuro no existen.

Todos los momentos son eternos y se mantienen vivos todo el tiempo.

Todos los momentos son como fotogramas con la vida de cada instante eternamente en movimiento.

Jamás desaparecen.

Y, por supuesto, al ser eternos y no desaparecer nunca, todas las épocas conviven al mismo tiempo.

Lo único que pasa es que conviven en frecuencias muy distintas.

Cada fotograma tiene su propia frecuencia.

De manera que, si consigues concentrarte lo suficiente y sintonizar con el fotograma que tú quieres, puedes desplazar parte de tu energía hasta el momento que desees y compartir de alguna forma y a tiempo totalmente real lo que ahora mismo esté pasando allí, teniendo una parte de tu mente en este mundo y otra en aquel otro.

Os juro que aquella primera noche junto a Mozart fue increíble.

Descubrir que podía llevar parte de mi mente a cualquier momento que quisiera hizo que algunas noches fuesen fascinantes.

Gracias a aquel descubrimiento no solo tuve la fortuna de escuchar a Mozart en directo.

También estuve en una sesión improvisada de los Beatles en la que nacieron los temas que se han convertido en grandes clásicos. Dire Straits improvisó *Money for nothing* durante varias horas para mí y YouTube se convirtió en una plataforma en la que nada estaba grabado, sino que absolutamente todos los vídeos eran retransmisiones en directo.

Así que una noche pude asistir a una reunión de todo el elenco de *Friends* en la que hablaban —de forma encriptada, por supuesto— de lo que estaba pasando en mi cabeza y celebraban que por fin hubiese despertado y me hubiese dado cuenta de la cantidad de posibilidades que te ofrece el estar despierto de verdad.

Imagino que de ahí vino el hecho de que cada vez que viera *Friends* pensara que en realidad estaban parodiando cosas de mi vida.

Al fin y al cabo, compartíamos un secreto bastante grande.

Nos conocíamos y, de vez en cuando, charlábamos con telepatía.

Pero si te he contado esto justo ahora es para que puedas entender una pregunta que nos hacíamos muchas páginas atrás: ¿qué más da que Mozart no esté tocando en directo para ti si tu cerebro cree que sí?, y que ahora servirá para poder entender algo más.

LO BUENO DE LA LOCURA

Cuando días después de haber salido de un ingreso tu cerebro saca a flote la pregunta «¿Y si en realidad no estuve loco?», te das cuenta de que lo que de verdad te estás cuestionando es: «¿Y si puedo rescatar las cosas que creo que me ayudaban por lo menos a sentirme un poco en paz porque las disfrutaba de verdad?».

Y como no tienes nada mejor que hacer que intentar salir a flote, coges unos cascos, buscas algo de Mozart en Spotify, cierras los ojos y te obligas a imaginar que estás sentado en una silla justo en esa habitación donde están tocando ese piano.

¿Y sabes qué?

Funciona.

Y además funciona por un motivo muy sencillo: sabes dónde tienes que buscar para sentir que estás allí gracias a que, mientras estuviste loco, tu cabeza amplificó detalles insignificantes que para ti habían pasado inadvertidos todo el tiempo para demostrarte que era real porque nunca habías sentido todo aquello.

Así que pulsas *play* y poco a poco tratas de localizar aquellas cosas que recuerdas, las que te llamaron la atención y a las que tu locura se agarraba con fuerza para tratar de demostrarte que lo que estabas sintiendo era real.

Buscas dando por sentado que no encontrarás nada, pero con la esperanza de encontrarlo todo.

Y aunque al principio tu cabeza está más concentrada en explicarte que intentar recuperar algunas de las señales que sentiste mientras estuviste loco es la cosa más absurda del planeta, lentamente esa sensación se difumina y, de repente, escuchas una tos al fondo de la grabación, notas la reverberación que se forma en la sala donde están tocando aquello, escuchas el sonido que hacen los pedales del piano al pisarlos y soltarlos, aparece el sonido de las teclas al pulsarlas y, cuando quieres darte cuenta, aunque solo sea durante una décima de segundo, vuelves a sentir que estás allí.

Y de pronto esa sensación te aterra porque asusta creer que quizá te estés volviendo loco una vez más, pero, por otro lado, te sientes tan en paz porque notas algo que convertía la vida en algo muchísimo más especial… Y no puedes evitar pensar en qué tiene de malo utilizar algunas herramientas que te ha dejado la locura si las utilizas bien y con la intención de remontar.

Entonces, cuando agachas la cabeza tratando de pensar cuán peligroso sería intentar jugar a que estás loco, tus ojos se cruzan con las letras *N* y *D* de un teclado blanco, tu cerebro forma la palabra *nada* y tú no puedes evitar sonreír por dentro y piensas: «Está bien. Juguemos».

Mientras escribía este libro me he preguntado muchas veces cuál era la intención real de hacerlo.

De hecho, tardé muchísimo en empezar a escribir porque en realidad no tenía ni idea de qué pretendía.

Lo descubrí una tarde al terminar de escribir esto.

Lo que leerás a continuación es un párrafo que escribí una noche tratando de arrancar de una vez con la creación de este libro. Con él trataba de explicarte cómo funcionan las señales en la mente cuando la cabeza se te va. Algo que a estas alturas ya sabes perfectamente y por eso entenderás lo que pretendía contarte.

Justo al terminar de escribir esta frase he mirado un momento a mi izquierda, donde hay un lector de *e-books* cuya imagen fija cuando está apagado es una pluma y un tintero.

¿Significado?

«Escribe».

Y como automáticamente me he preguntado a mí mismo «¿por qué?» y al lado del *e-book* había una foto de mi chica junto a nuestros perros Xena y Ketto, una voz en mi cabeza ha dicho: **«Por nosotros»**. Mientras, en la canción que tengo sonando de fondo, el cantante ha soltado la frase «until the end of your soul».

El resto de los cabos seguro que puedes atarlos tú sin mí.

Y como justo acabo de pulsar Ctrl + S para salvar el documento y frente a mí hay un reloj de arena que marca cinco minutos y el mensaje que ha creado mi cabeza ha sido bonito —«Escribe lo que estás escribiendo por nosotros llegando hasta el fondo de tu alma»—, sé que debería tomarme cinco minutos para celebrar que el universo ha vuelto a regalarme otra de esas pistas que me indica «vamos bien».

Juega un momento a eso:

Hazte una pregunta, mira a tu alrededor y analiza la respuesta.

No vale perder mucho tiempo analizando.

Fíjate rápidamente en el primer color que veas, el sonido que se escuche, la palabra que se cruce en tu camino...

Todo ese proceso debe hacerse en menos de un segundo.

Mientras tanto yo me preparé algo de beber.

Algo que sé que es buena idea porque al coger la taza que tengo delante, la cucharilla ha chocado con el borde generando un sonido agudo y los agudos significan «vamos bien».

Ojalá la silla no haga un ruido grave al levantarme porque entonces tendré que prestar mucha atención a lo primero que se cruce con mis ojos para saber quién está tratando de enviarme pistas falsas y por qué.

Por supuesto, dentro de la locura hay un universo extremadamente oscuro y peligroso.

En mi caso, estaba convencido de que había gente tratando de meterse en mi cerebro e incluso más de una vez lo consiguieron y eso me obligó a crear cajas fuertes de mi cerebro.

Pero todo eso ya te lo contaré más adelante. 😉

Voy a por un café y algo de agua y ahora vuelvo.

Si tú decides seguir leyendo, claro.

Si no...

Nunca volveré.

Por cierto...

¿Estás leyendo esto con tu voz o con la mía?

Me ha hecho gracia descubrir que lo único que respeté de aquel texto fue la pregunta de si estás leyendo esto con tu voz o con la mía.

El caso es que eso que acabas de leer formaba parte de una versión de este libro que empecé a escribir simplemente por intentar cumplir con los plazos de entrega, pero que nadie llegó a leer porque, cuando volví con el café, abrí un documento nuevo y empecé a escribir el libro que ahora estás leyendo porque por fin sabía qué pretendía contando esto.

En esa primera versión me había sentado muchas horas a darle vueltas a qué estructura debería tener el libro, el lenguaje que debería usar, hasta dónde debería profundizar respecto a lo que me pasó, dónde marcar la línea entre lo que pienso y lo que es correcto pensar...

Le había dedicado muchas horas a toda la parte estructural de la historia, pero me faltaba lo más importante.

La intención real de este libro.

Y la intención real la descubrí cuando paré para ir a coger agua, hacer café y después de haber escrito lo que acabas de leer.

Os aseguro que, cuando la descubrí, me pareció tan jodidamente loca que pensé que reconocerla no sería una buena idea.

Sin embargo, después de darle muchas vueltas llegué a la conclusión de que no tenía sentido escribir un libro acerca de mi aventura de estar loco y, justo cuando aparece el motivo real por el que lo estoy escribiendo, tratar de ocultarlo o adornarlo para no asustar a nadie.

Así que por raro que pueda sonarte, si has llegado hasta aquí creo que es justo que sepas por qué he escrito este libro: para enseñarte un par de herramientas que me regaló lo de haberme vuelto loco y que han sido las que me han ayudado a salir del pozo, por si en algún momento te apetece probarlas en caso de estar donde estuve yo o, simplemente, por jugar un rato a eso de sentir que has descifrado el universo.

Y sobre todo para que, si acabas de salir del hospital y crees que lo que te ha pasado es lo más raro del mundo, tengas clarísimo que no lo es y que aquí tienes un amigo.

El verdadero problema de volverte loco es que no sabes manejar la situación.

Entras tan de repente y por sorpresa en ese mundo que es totalmente imposible que puedas controlar nada.

La cantidad de cosas que descubres son tan pero tan abrumadoras que no puedes pensar con claridad.

Podrías llegar al punto en que ni siquiera la idea de volar te parece imposible.

De hecho, poco antes de ingresar y antes de que nadie hubiese notado absolutamente nada, estuve en un túnel de viento de esos que te lanzan para arriba y te mantienen en el aire durante unos minutos y estaba convencido de que estaba practicando para cuando se desbloqueara el logro de volar.

Sin embargo, si imaginas tu cerebro como la mesa de un DJ desde la que puedes controlar los pensamientos, bajar el volumen de las voces peligrosas, aumentar el de las buenas, dar más peso a las tramas que son buenas para poder tapar las malas y vivir las casualidades como señales que te dan pequeñas pistas de si vas o no vas bien, sé que pueden conseguirse grandes cosas.

Mi truco para lograr salir adelante después de haberme vuelto loco fue volverme otra vez loco.

Decidí ir personalmente a buscar mi locura con la intención de esclavizarla.

Mi truco fue buscar rápidamente todas aquellas cosas que mientras estuve loco me sirvieron objetivamente para bien con la intención de amplificarlas.

La primera fue traer de vuelta al señor Gris junto con las voces.

¿Recuerdas el momento en el que hemos hablado de tener que recoger todas las llaves que se te han caído al suelo?

Imagina que al recogerlas puedes ponerles pegatinas en plan:

Llave que anima

Llave que hunde

Llave que asusta

Llave que enfada

Llave que calma

Llave que agobia

Puedes hacer lo mismo con las voces:

Voz que anima

Voz que hunde

Voz que asusta

Voz que enfada

Voz que calma

Voz que agobia

Como al volverte loco una de las muchas cosas que suceden es que empiezas a prestar una atención milimétrica a todo lo que pasa en tu cabeza, de repente, cosas y actitudes que seguramente habían sido habituales durante toda tu vida pasan a un primer plano tan grande que acaparan toda tu atención.

Por ejemplo, ¿nunca te has despertado una mañana, te has metido en la ducha y, mientras te estás enjabonando, empiezas a encabronarte por cosas que a lo mejor podrían pasar?

Te estás enjabonando con el gel que más te gusta, usando el champú que tú has comprado, el agua está cayendo por tu espalda a una temperatura agradable, nadie ha cruzado una palabra contigo todavía y, sin embargo, ya estás montándote tú solo la película de cómo irá tu día.

«Seguro que nada más llegar me dicen tal», «verás cómo menganito al final hace no sé qué», «fijo que me toca a mí ser quien aquello»...

Y aunque lo único que ha pasado en tu día hasta ese momento es que has salido de la cama y te has metido en la ducha, tu cabeza ya está maquinando cientos de miles de motivos por los que deberías empezar a cabrearte y ponerte de mal humor, a pesar de que todavía no ha pasado nada más que estar notando el agua calentita por tu espalda.

Pues bien..., un día empecé a hacerme eso mientras me duchaba y pregunté: «¿Alguien podría decirme por qué cojones está aquí la voz que agobia?».

Y, de repente, noté una sensación extraña porque, aunque las voces ya no estaban, empecé a jugar a que sí estaban.

Cuando notaba que empezaba a hundirme llamaba a la voz encargada de animarme para que se llevara de allí a aquella voz que no hacía más que dar por culo y le pedía que se quedara un rato e hiciera su trabajo, que básicamente consistía en animarme.

Mi primera herramienta fue traer de vuelta y esclavizar a las voces.

Y al hacerlo, todo empezó a convertirse en una enorme broma en la que yo mismo decidí que mantendría solo las cosas que durante aquella etapa me habían hecho sentir bien.

Cuando necesitaba escribir, llamaba a mi yo del futuro para preguntarle qué clase de bromas debía poner en el monólogo para asegurarme de que aquello funcionara. Escuchaba la música como si la estuvieran tocando en directo solo para mí. Miraba al cielo como lo miraba cuando pensé que estábamos yendo a otro planeta... Convertí en mi esclava a la locura.

En cuanto fui consciente de que el problema verdaderamente grande era que ya no sabía quién era yo, decidí renunciar por completo a la opción de recuperar mi antigua personalidad y, como lo único que tenía claro eran las sensaciones que sentí mientras estuve loco, decidí esforzarme al máximo en recuperar solo las buenas.

Decidí que seguir dando vueltas a dónde había quedado la persona que había estado construyendo durante cuarenta años y pensando una y otra vez en por qué me había pasado lo que había pasado no me serviría para absolutamente nada más que perder tiempo y retrasar lo de empezar a intentar salir de un pozo en el que seguro volvería a caer cuando estuviera más o menos por el centro.

Esto lo deduje leyendo mil historias de gente que ha pasado por lo mismo y que, por lo que contaban, seguían perdidos tratando de encontrarse.

Subraya: no eres el primero ni el último que pasa por una mierda como esta. Y tampoco olvides nunca que tienes mucha gente fuera estirando el brazo por si necesitas un cable algo más fuerte.

Por más que leía, casi todas las historias eran sobre gente que, a pesar de haber transcurrido ya meses o años desde que les había pasado todo eso, seguía intentando encontrar dónde estaba aquello que eran antes.

Así que decidí que no quería ser una de esas historias en las que pasados muchos años sigues tratando de encontrarte. Asumí que el tipo que había estado construyendo hasta justo antes del ingreso había desaparecido por completo, al mismo tiempo que las voces. También asimilé que las cosas que de verdad querrían quedarse dentro de mi personalidad, más tarde o más temprano, volverían a aparecer y que las que no quisieran volver ya nunca más o las que simplemente no quería volver a ver no tenían por qué volver.

Y esta fue mi segunda herramienta: convertir el problema de no saber quién era en la mayor ventaja.

Si al poner una canción no me gustaba, pasaba de seguir perdiendo el tiempo tratando de descubrir si antes del ingreso sí que me gustaba.

¿Qué más da que antes me gustara mucho si ahora no me gusta nada?

Si al coger un libro me parecía aburrido de cojones, ¿qué importaba que todo el mundo me dijera que era apasionante?

Para mí era aburrido de cojones.

Y si aparecía un libro que no me había gustado nunca y de repente me gustaba, me daba completamente igual tratar de descubrir por qué me había pasado eso.

Ahora me gustaba y eso me permitía buscar más libros como aquel.

Nada de lo que hubiera habido antes en mi coco me importaba.

Si antes podía pasar horas viendo tal o cual película, haciendo tal o cual cosa, jugando a este o aquel juego que me hacía feliz, pero ahora no…, a la mierda con todo.

¿Por qué carajo seguir perdiendo el tiempo tratando de investigar qué había pasado para que me dejaran de gustar algunas cosas, en lugar de usar el tiempo para descubrir y prestar atención a las cosas que ahora sí me interesaban?

Lo único que tenía claro es que necesitaba volver a sentir que estaba vivo y eso solo podía conseguirlo de una forma que quizá te suene habérmelo escuchado decir alguna vez: haciendo cosas.

Tenía que dejar de preocuparme por lo que acababa de pasar, dejar de pensar en qué pensaría o no pensaría la gente, en si volvería o no volvería tal o cual cosa, en por qué algunos estaban a mi lado y otros no…

Cuando pasa algo así, toca asumir que tienes que aceptar todas las condiciones de actualización de personalidad, y eso incluía aceptar que la única idea principal sobre la que necesitaba construir mi nueva personalidad era estar bien.

Y si, de repente, pensar que cuando una mariposa blanca se cruzase por delante de mi vista significaba que mi pensamiento era el correcto, en esta actualización eso iba a quedarse porque me venía bien.

Y si algún día dejase de venirme bien, la quitaría.

Así de simple.

De repente, haberme vuelto loco me había puesto en los morros la posibilidad de saber cuáles eran las cosas que me hacían feliz ahora y cuáles no.

Mientras estuve loco no hubo grises.

Las cosas eran buenas o malas.

Fin.

Y esa radicalidad que en el día a día no tiene sentido aplicarla, sí que sirve para construir tu personalidad.

Esto me gusta y me hace sentir bien…, me interesa.

Esto no me gusta y no me hace sentir bien…, no me interesa.

Así de simple.

«¿Pero antes te gustaba, Ángel? ¿Por qué crees que ahora no te gusta?».

Me importa una mierda el porqué.

Me da igual.

Si algún día estoy tomando el sol y de repente lo descubro, te prometo que te llamaré porque veo que te preocupa, pero ahora mismo me importa una verdadera mierda por qué ha dejado de gustarme, interesarme o preocuparme esto, aquello, fulanito o menganito.

¿Y sabes por qué?

Porque hasta que no reconstruyas el envase dentro del que tú te sientas bien y te rodees de cosas que te gusten de verdad ahora, jamás descubrirás por qué dejaron de gustarte, interesarte o preocuparte ciertas cosas por un motivo muy sencillo: no tienes ni una sola referencia con la que comparar. Tu cerebro ha sido reseteado y lo has perdido todo.

Y recuerda lo que te dije al principio y que, si no lo subrayaste, es importante que lo subrayes ahora mismo: que les follen a los otros.

Si has llegado hasta este punto del partido, lo importante es que entiendas que se trata de ti y de un juego a vida o muerte.

Si te quedas quieto tratando de saber por qué ha pasado lo que sea que haya pasado, perderás.

Ya tendrás tiempo de investigar más adelante.

¿Qué sentido tiene tratar de reconstruirte por completo con piezas que no sabes si funcionan y que además ahora están rotas?

¿De verdad tiene sentido tratar de reconstruir algo que ya sabes que iba mal?

Usa el hecho de estar totalmente perdido para crearte tú un camino.

Volverte loco te ha dado una ventaja fascinante sobre otros.

Has aprendido a escuchar bien y de forma que otros no lo hacen.

Quizá has interpretado mal ciertas señales, pero tampoco descartemos que fuese porque las interpretabas con las reglas que te habían contado otros.

Al fin y al cabo, hay gente que cuando ve una mariposa blanca piensa en lo bonita que quedaría disecada sobre un corcho junto a otras.

¿De verdad el tipo que tiene mariposas disecadas en su cuarto está más cuerdo que tú?

Te diré algo por si las voces llegan: aprovecha para aprender a escuchar mejor que nunca.

APRENDE A ESCUCHAR

De creer durante tanto tiempo que las conversaciones que escuchaba estaban encriptadas pienso que ha surgido una de las cosas más interesantes que han pasado en mi cerebro.

A ver si consigo explicar esto de forma sencilla.

Cuando digo que volverme loco es lo mejor que me ha pasado es porque me ha enseñado algunas de las cosas que más me han ayudado hasta ahora.

Una de ellas ha sido el valor de las palabras y el poder de las preguntas.

Creo que muy poquitas veces somos conscientes del poder real que tienen las palabras cuando las ordenas y las utilizas bien.

Tengo la impresión de que hemos convertido el lenguaje en un mecanismo que sirve, la mayor parte del tiempo, simplemente para rellenar silencios.

Las conversaciones se han convertido en una especie de «me toca» cuando el otro se calla o no sabe qué decir.

Decimos cosas simplemente por decir y la mayor parte del tiempo ni siquiera pensamos demasiado en lo que soltamos.

La mayor parte del tiempo hablamos por impulsos y con la urgencia de integrarnos cuanto antes en la conversación que esté en marcha en ese momento.

Sin embargo, de un tiempo a esta parte, no puedo evitar pensar en las palabras como una especie de herramientas que, si aprendes bien a utilizarlas y eres capaz de ordenarlas, te pueden permitir crecer cada vez más porque tienen el poder de deshacer cualquier nudo que haya en tu cabeza.

No hay un solo problema que no puedas resolver haciéndote las preguntas correctas.

Encontrar las palabras y las preguntas correctas genera en el cerebro la misma sensación de satisfacción que cuando consigues deshacer ese nudo chiquitito que se forma a veces entre los cordones de unas zapatillas y que más de una vez ha conseguido que renuncies y te pongas otras zapas solo para no perder más tiempo intentando deshacerlo.

Tenemos la cabeza llena de nudos que somos incapaces de deshacer, pero sé por experiencia propia que si dedicas horas, días, semanas o meses a encontrar las preguntas correctas, esos nudos se desharán y notarás cómo millones de respuestas se aceleran.

Deshacer nudos y encontrar respuestas es una de las sensaciones de alivio más increíbles que pueden existir.

De repente notas que en tu pecho cabía muchísimo más aire del que pensabas.

Como mientras estuve loco mis conversaciones en realidad eran conversaciones encriptadas relacionadas con lo que estuviera pensando, hace un año me di cuenta de que me parecía que eso estaba siendo así porque relacionaba lo que estaba pensando con lo que estaba diciendo.

Te pondré un ejemplo: si yo estaba pensando en que el metal sirve para evitar que los seres malvados de otro mundo atraviesen las ventanas, tú te me acercabas y me preguntabas si me apetecía comer naranjas y yo respondía «sí», en realidad ese «sí» era la confirmación de que, efectivamente, el metal sirve para evitar que seres malvados de otro mundo atraviesen las ventanas.

Lo de las naranjas solo era la conversación que camuflaba lo que importaba de verdad.

Digamos que mis conversaciones en realidad eran como esas conversaciones que a veces tienes con amigos en las que, básicamente, lo que quieres es insultar a tu jefe, pero como el jefe está delante, pues camuflas los insultos bajo anécdotas ficticias tipo:

—¿A ti no te parece que el dueño del hotel aquel al que fuimos era un completo gilipollas que olía a mierda?

—Totalmente.

¡Alehop!

Misión Insultar jefe cumplida.

Pues cuando te vuelves loco haces eso todo el tiempo.

Las conversaciones que tienes en voz alta van sobre otra cosa que generalmente no tiene nada que ver con lo que se está hablando.

Y eso hace que las cosas encajen muchísimo mejor por un único motivo: en realidad, aunque sea de forma encubierta, estás hablando sobre lo que estás pensando.

Algo que, por increíble que parezca, creo que hacemos muy poquitas veces.

En general nunca estamos pensando realmente en aquello sobre lo que estamos hablando.

Hablamos con la intención de convencer a los demás de que tienen que pensar como nosotros; hablamos simplemente por rellenar algún silencio mientras nuestra mente está pensando en cosas que no tienen nada que ver; hablamos de temas que nos dan igual solo por tener la sensación de que nos estamos integrando; hablamos de lo que ahora mismo esté de moda para que parezca que nos interesa estar al día; hablamos, hablamos, hablamos…, pero no decimos nada.

La mayor parte del tiempo hablamos simplemente para no estar en silencio.

Y, por supuesto, no escuchamos.

Pero si pensaras en la cantidad de palabras que utilizas a lo largo del día para hablar de cosas que en el fondo te importan un carajo porque no suman nada a lo que sea que estés intentando construir, creo que no podrías evitar frenar en seco y replantearte seriamente ciertas cosas. Incluso empezarías a valorar la opción de utilizar esas palabras de una forma y con la intención de que, cuando terminéis de hablar, hayas descubierto cosas nuevas que te sirvan para avanzar en tu camino un poco más porque te has molestado en prestar mucha atención a lo que de verdad querías decir o preguntar.

Si mientras estuve loco el cerebro generaba cada día nuevas historias, simplemente era porque todo estaba relacionado, aunque fuera un poco mal.

No había cosas que fueran por un lado y cosas que fueran por otro.

Por loca que fuera la historia que se creaba en mi cabeza, todo estaba muy encajadito.

Y eso era porque mi cerebro y el universo trabajaban en equipo de forma impecable.

Ninguno de los dos iba por libre.

Antes de ingresar dirigí algunos *sketches* para un proyecto personal.

Uno de los problemas que tiene grabar con pocos medios es que no puedes paralizar las obras que haya cerca de donde estés rodando, así que dependes de que los tipos que están usando una radial decidan que ya es hora de parar para comerse un bocadillo y poder así grabar sin un ruido de fondo.

Pues bien…

Si antes de decir «acción» pedía silencio a todo el mundo, aunque de fondo estuviera sonando una radial, era porque mi cerebro dedicaba toda su atención a tratar de silenciar con la mente esa radial, pero, al mismo tiempo, prestaba una atención milimétrica a cualquier cosa que pasara alrededor para encajar todas las señales que irían llegando a decir cosas.

Mi cerebro simplemente se centraba en encontrar el próximo silencio que tendría la duración que necesitaba para poder grabar la toma.

Toda mi energía se centraba única y exclusivamente en estudiar la forma en que se comportaban todas y cada una de las cosas que nos complicaban la grabación y me concentraba en escuchar al universo para encontrar cuanto antes un patrón que nos permitiera hacer lo nuestro sin problemas.

Mi cerebro trataba de analizar con lupa todo lo que había a mi alrededor para calcular y tener en cuenta todas las posibilidades para que aquello saliese tal y como yo quería.

Y por eso pedía silencio, aunque la radial estuviese en marcha.

Porque necesitaba que toda mi atención se centrara en no perder de vista ni una sola señal de las que enviara el universo.

Y si de repente alguien del equipo soltaba un «esto va a ser imposible» mientras la radial estaba en marcha, pero yo en ese momento estaba pensando en una frase del guion, inmediatamente le decía a la persona que tuviera que decir aquella frase en la que estaba pensando:

—Cuando grabemos, esta frase no la digas.

¿Por qué? Pues porque ese «esto va a ser imposible» que acababa de decir cualquier persona, en realidad era una frase que el universo me decía en voz alta como pista de que intentar mantener aquella frase en el guion era completamente absurdo y lo único que haría sería complicarlo todo aún más.

Obviamente, a la gente con la que estaba grabando no le decía eso.

Les decía:

—Nah. Me he dado cuenta de que en el fondo no es gracioso y creo que el *sketch* funciona igual.

Recordemos que una de las reglas que tiene descifrar el universo es que no puedes contarle en voz alta a nadie tu secreto.

Y lo gracioso es que, de repente, el patrón aparecía y al quitar aquella frase, la cosa seguía encajando igual y muchas veces el *sketch* mejoraba.

Hay testigos que podrían dar fe de que esto es cierto.

Así que, aunque la gente hablara de otras cosas, recibía cada frase que llegaba a mis oídos como un mensaje que me lanzaba el universo tratando de ayudarme a que las cosas me salieran cada vez mejor.

¿Casualidad?

Puede ser.

Pero también puede ser que el hecho de poner toda mi atención en lo que estaba sucediendo, en lugar de dispersarme bromeando o quejándome porque las cosas no fueran como yo quería, me permitiera darme cuenta de las cosas que generalmente no vemos porque no estamos atentos.

Y esa atención milimétrica a las cosas que suceden y que, mientras estás loco, sirve para que tu locura invente historias nuevas que te acercan cada vez más al hospital, cuando no estás loco te permite deshacer el nudo chiquitito de la zapatilla muchísimo más rápido, porque antes de ponerte histérico por intentar deshacerlo con una uña que seguramente se te acabará doblando, le echas un vistazo al nudo con mucha mucha calma y casi siempre localizas por dónde será más sencillo que trates de empezar.

«¿Y esto qué tiene que ver con las palabras, Ángel?».

Pues que igual que los nudos que se forman en el cordel de los zapatos los deshaces con los dedos muchísimo más rápido si te paras un momento a prestarles atención, las palabras son los dedos que pueden deshacer los nudos del cerebro si decides ser honesto y te escuchas de verdad.

Pero ser honesto y escucharse de verdad no es algo que uno haga habitualmente.

Hace tiempo leí una frase en un libro llamado *Cerebro y silencio*, de Michel Le Van Quyen, que cambió por completo mi forma de escuchar.

Decía algo así como que uno no debería saber lo que va a decir hasta que termina de escuchar.

Y es cierto.

Si mientras el otro habla estás pensando que no estás de acuerdo o deseando que la persona que tienes enfrente termine de hablar, significa que no estás escuchando nada.

Serás como aquel psicólogo al que fui y que al terminar de hablar lo único que me dijo fue: «Vale. Se te ha acabado el tiempo. Nos vemos la semana que viene. Son x euros».

Cuando te vuelves loco, tu atención no está puesta en varios sitios.

Está puesta solo en uno.

Y esa es otra de las cosas que rescaté de mi locura: puse toda mi atención en relacionar cada cosa que pasara con el tema que me afectara en ese momento, y una de ellas fue fiarme de lo que creyera que significaba lo que se cruzara por delante de mis ojos.

¿Y sabes qué?

Después de haberme vuelto loco me di cuenta de que fiarte de lo que te parezca que te dice el universo o de una mariposa blanca es un sistema tan fiable como consultar con tu almohada, por un motivo muy sencillo: en el fondo ninguno sabemos lo que pasará.

Al final vivir consiste en decidir e imaginar.

Decidir si quieres ser la clase de persona que se levanta a beber agua o el que pasa de beber porque no quiere perderse parte de la peli.

Imaginar dónde estarás dentro de diez años.

Decidir si te gusta o no te gusta esta canción, libro, plato, pantalón, chaqueta, casa, gente…

Imaginar que se harán realidad todos tus sueños.

Decidir si harás esto o aquello porque a ti te viene bien y te acerca adonde tú quieres llegar o porque te lo piden otros. Imaginar que todo sale como quieres.

Todo se reduce a decidir e imaginar.

Especialmente cuando no tienes ni la más mínima idea de dónde estás.

Decidir e imaginar es lo único que te permitirá que el día termine con el envase de quien eres un poquitín más lleno.

El proceso es lento.

Muy lento.

Y a veces notarás cómo te rindes.

Notarás cómo una voz intenta susurrar que no podrás, pero afortunadamente, ya tienes el truco para retirarla cuanto antes: llama a aquella voz que es la encargada de expulsar a la aguafiestas y, después, llama a la encargada de animarte.

Y si estás tan perdido que ni siquiera sabes por dónde empezar, recuerda que la locura también nos dejó un truco que, la verdad, es bastante bueno.

Busca algún momento de tu vida en el que te recuerdes bien.

No importa la edad.

Busca ese recuerdo en el que te sentiste bien.

¿Lo tienes?

Pregúntale a tu yo del pasado por qué estaba tan bien.

Pregúntale cuáles eran las cosas que le hacían sentirse así.

Escúchale con atención.

No tengas prisa por escuchar todo lo que quiera recordarte.

Al fin y al cabo, eres tú y estáis a solas, ¿no?

Y cuando termine de contarte qué era aquello que os hacía sentir así, trata de usar eso como primer punto de anclaje.

En mi caso, lo primero que encontré en mi pasado y que sentí que entonces me hacía sentir feliz era escribir.

VOLVER A ESCRIBIR

Para mí, volver a escribir era algo que pensé sería imposible.

Pensé que había perdido toda la capacidad de escribir algo que pudiera sacar una sola risa a alguien.

De hecho, una de esas pocas personas que estuvieron a mi lado todo el tiempo podría dar fe de que, al muy poco tiempo de salir del hospital y aceptar su invitación a pasar un par de días con él y su pareja en un apartamento junto al mar, le dije totalmente convencido:

—Creo que nunca más podré escribir algo gracioso.

Algo que no descarto que sea cierto.

Y reconozco que su respuesta fue una de esas que parece que han sido elaboradas por una mente privilegiada para dar luz a los seres humanos:

—Anda, tira.

En fin…

Si pensaba que no podría escribir jamás era porque en los últimos años, casi siempre —siempre— escribía bajo los efectos de las drogas y el alcohol y eso generó en mi cerebro la sensación de que cuando era realmente bueno escribiendo era cuando estaba colocado.

Al tener prohibidas las drogas, mi cerebro decidió que ya nunca podríamos escribir, pero, afortunadamente, me di cuenta de algo: mis primeros monólogos los había escrito mucho antes de empezar a beber y a tomar drogas y no me había ido mal.

Así que un día viajé al pasado y jugué a charlar con aquel tipo que hacía veinte años había escrito cosas sin estar bajo los efectos de las drogas. Recordé por qué me divertía tanto hacer aquello y probé qué tal sería intentarlo ahora.

Funcionó.

No fue fácil.

Pero funcionó.

Tanto como para haber llegado al punto de poder escribir esto.

A veces pienso: «¿Y si mientras estuve loco aquel tipo del futuro con el que solía hablar y que tanta paz me daba en realidad era el yo que soy ahora?».

¿Qué tiene de malo pensar eso?

Al fin y al cabo, desde donde estoy ahora las cosas están bien y tengo trucos suficientes para sortear bastantes trampas.

Y entonces, justo cuando termino de hacerme esa pregunta, escucho una voz en mi cabeza que dice:

—No eras tú. Era yo.

Y entonces le pregunto:

—¿Y tú quién eres?

Y la respuesta siempre, absolutamente siempre, consigue sacarme una sonrisa:

—**Soy tú. Desde el futuro.** *Post-it*.

Tu cabeza, te hayas vuelto loco o no, está llena de voces, tramas, subtramas, señales...

Y lo más importante es que lo estará toda tu vida.

Por eso, lo único que puedes hacer es tratar de elegir bien a cuáles y con cuáles quieres ir.

Y cuanto antes lo hagas, antes empezarás a sentir que las cosas están bien.

Reconstruirse desde cero es agotador, pero también apasionante porque vuelves a emocionarte con las cosas. De pronto, estás construyendo de forma consciente a la persona en la que te quieres convertir.

Hay algo que siempre me ha llamado mucho la atención y es la capacidad que tienen algunos para hacerte creer la clase de persona que desde su punto de vista tú ya eres y, de repente, son ellos quienes tratan de decirte si estás triunfando, fracasando, acertando o equivocándote con tus decisiones. Incluso si tomas una decisión que para ellos es absurdamente loca, se atreven a asegurar que ya nunca conseguirás estar como estuviste en tal o cual momento.

¿Pero sabes una cosa?

En realidad no tienen ni la más mínima idea de en qué momento estás porque ni siquiera tú lo sabes.

Recuerdo que, cuando estaba en un programa de televisión llamado *Sé lo que hicisteis* y se convirtió en un éxito, la gente se acercaba y me decía:

—Qué bien hiciste dejando de tocar el piano en bodas, salas de fiestas, banquetes y centros de la tercera edad, ¿verdad?

Y yo siempre replicaba:

—¿Por qué estás tan seguro?

Y eso los bloqueaba.

No entendía por qué descartaban la posibilidad de que, de haber seguido dedicándome a la música, hubiera conseguido llegar a un sitio mucho más apasionante que desde la silla de un plató de televisión.

Descartaban la posibilidad de que hubiese seguido estudiando música y, después de años de esfuerzo, pudiera estar ahora mismo viviendo de la música dando conciertos en el WiZink.

No dejes que sean los otros los que te digan qué tal vas.

Confía en tu instinto.

Recuerda: todo se reduce a imaginar y decidir.

Cuando notes que estás imaginando o decidiendo algo que realmente no te viene nada bien, avisa a la voz encargada de sacar de ahí a quien corresponda y llama a la que tiene pistas de lo que te gusta de verdad.

Y aunque ya estamos llegando al final de nuestra aventura juntos, me he guardado en la chistera un último regalo por si lo quieres coger.

Aunque este libro lo he escrito sobre todo para mí, por si las voces vuelven tener una guía de lo que puede estar pasando en mi cabeza, y, por supuesto, para cualquiera que haya pasado por algo parecido, por si mi aventura puede servirle para algo, también tengo un regalo para ti, que quizá jamás te has vuelto loco, pero notas que estás como perdido.

Aquí viene mi regalo: no necesitas esperar a tocar fondo para reconstruirte desde cero.

Aunque si te apetece tocar fondo también puedes, claro.

Lo bonito de la vida es que algunas opciones las tienes siempre disponibles por si eres gilipollas y te apetece ver qué tal.

Lo que quiero decir es que reconstruirte desde cero puedes empezar a hacerlo desde ahora mismo.

Si tú quieres, justo en este momento podrías comenzar a reconfigurar tu cerebro por completo para dar nuevos valores a las cosas que conoces.

Yo tardé mucho en darme cuenta de esa ventaja que había sacado y, si te soy sincero, otro de los motivos por los que estoy escribiendo este libro es para tratar de que tú la tengas cuanto antes sin necesidad de pasar por el puto desierto en el que he estado viviendo casi tres años.

No hace falta tocar fondo para tener el derecho a dedicarle tiempo a encontrar las cosas que son las que de verdad te gustan.

No hace falta tocar fondo para jugar a que sea una mariposa blanca el motivo por el que dices sí o no a lo que tú ya sabes.

No hace falta tocar fondo para jugar a intentar que al señor Gris le peguen tres patadas en el culo.

No hace falta tocar fondo para localizar y separar las llaves buenas de las malas.

No hace falta tocar fondo para preguntar a tu yo de cuando eras más joven por qué en aquel entonces todo parecía tan feliz.

No hace falta tocar fondo para pedirle a un yo tuyo del futuro que te cuente un par de bromas sobre cómo sortearéis esos problemas que te asfixian ahora mismo.

No hace falta tocar fondo para hacer las preguntas más extrañas que te puedas imaginar.

No hace falta tocar fondo para empezar a remontar.

Solo hace falta paciencia, fuerza y ganas.

Volverme loco es lo mejor que me ha pasado en la vida.

Escuché en directo a Mozart; casi conseguí tocar la luna; fui descendiente de unos dioses; Ketto me enseñó la importancia de luchar y amar como si no hubiera un mañana; Xena me confirmó que efectivamente eso era así; descubrí que tengo amigos increíbles; me di cuenta de que tengo al lado a una chica que jamás me dejará caer; me reuní con el universo y con la muerte para poder pedir como deseo lo de no morir jamás; di saltitos convencido de que más tarde o más temprano uno de mis saltos serviría para volar; tuve conversaciones con un tipo que me aseguró desde el futuro que estuviese muy tranquilo porque todo saldría bien, y, por supuesto, descubrí que el universo tiene muchas muchas capas en las que poder estar.

Así que si estás leyendo esto justo cuando acabas de salir del hospital y crees que tu caso es muy distinto y que jamás remontarás, hazme un favor: coge un bolígrafo o un lápiz y, aparte de las zonas que te he pedido que subrayes, subraya también las partes que, aunque ahora mismo no creas que son posibles, te gustaría que sí lo fueran.

Tu yo del futuro te lo agradecerá.

Y, por mi parte, juraría que nada más.

Bueno, sí.

Solo una cosa más:

¡Punto para los locos!

Te quiero mucho.

A hacer cosas.

Post-it.